BRASIL DELIVERY

COLEÇÃO
ESTADO de SÍTIO

LEDA PAULANI

BRASIL DELIVERY

SERVIDÃO FINANCEIRA E ESTADO
DE EMERGÊNCIA ECONÔMICO

Copyright © Leda Maria Paulani
Copyright desta edição © Boitempo Editorial, 2008

Coordenação editorial	Ivana Jinkings
Editores	Ana Paula Castellani
	João Alexandre Peschanski
Assistente editorial	Vivian Miwa Matsushita
Preparação	Bibiana Leme
Revisão	Luciana Soares da Silva
Capa	Guilherme Xavier
Diagramação	Raquel Sallaberry Brião
Coordenação de produção	Juliana Brandt
Assistência de produção	Livia Viganó

CIP-BRASIL. CATALOGAÇÃO-NA-FONTE
SINDICATO NACIONAL DOS EDITORES DE LIVROS, RJ

P349b

Paulani, Leda, 1954-
Brasil Delivery : servidão financeira e estado de emergência econômico / Leda Maria Paulani. - São Paulo : Boitempo, 2008.
(Estado de sítio)

Inclui bibliografia
ISBN 978-85-7559-115-4

1. Brasil - Política econômica. 2. Brasil - Condições econômicas. 3. Brasil - Política e governo - 2003-. I. Título. II. Série.

08-1168.

CDD: 338.981
CDU: 338.2(81)

É vedada a reprodução de qualquer
parte deste livro sem a expressa autorização da editora.

1ª edição: maio de 2008
1ª edição revisada: setembro de 2017
1ª reimpressão: agosto de 2019; 2ª reimpressão: outubro de 2024

BOITEMPO
Jinkings Editores Associados Ltda.
Rua Pereira Leite, 373
05442-000 São Paulo SP
Tel.: (11) 3875-7250 / 3875-7285
editor@boitempoeditorial.com.br | boitempoeditorial.com.br
blogdaboitempo.com.br | facebook.com/boitempo
twitter.com/editoraboitempo | youtube.com/tvboitempo

SUMÁRIO

Apresentação..7

Brasil *Delivery*: razões, contradições e limites da política
econômica nos primeiros seis meses do governo Lula.........................15

O Brasil como plataforma de valorização financeira
internacional (um balanço da política econômica
do primeiro ano do governo Lula)...35

Sem esperança de ser país:
o governo Lula, dezoito meses depois...53

O governo Lula é alternativa ao neoliberalismo?.................................67

Investimentos e servidão financeira:
o Brasil do último quarto de século..73

O projeto neoliberal para a sociedade brasileira:
sua dinâmica e seus impasses..105

O mais político dos temas econômicos:
à guisa de posfácio..141

Bibliografia..147

APRESENTAÇÃO

Em outubro de 2002, Luiz Inácio Lula da Silva foi eleito presidente do Brasil. Menino migrante, vindo do Nordeste pobre para o Sudeste rico no emblemático "pau-de-arara", torna-se, como muitos outros de idêntica trajetória, operário do centro industrial do país. Carismático e de fala fácil, transforma-se naturalmente em líder operário, reconhecido pelas greves em massa que consegue organizar durante o período ditatorial. Essa quadratura histórica acaba empurrando a jovem liderança para a lida política e daí para a fundação de um partido de oposição ao regime militar. Dados sua origem operária e o momento em que se constitui, o Partido dos Trabalhadores (PT) torna-se rapidamente, e malgrado as intenções de seu idealizador, referência e abrigo para a esquerda de todo o país. É assim, pois, embalado no acaso histórico, que nasce, quase sem querer, "o maior partido de esquerda do mundo", como o PT chegou a ser conhecido. O desacerto que os 21 anos de ditadura militar provocaram na sociedade civil, moendo sua capacidade de organização e de resistência, fizeram do PT a grande legenda na qual, findo o governo autoritário, praticamente todo o pensamento progressista passou a depositar suas esperanças.

Esse grande equívoco, urdido pelas artimanhas da História, desfez-se com a ascensão de Lula e do PT ao governo federal. Alcançado o poder maior, o presidente Lula e seu partido adotaram a mais conservadora das políticas econômicas conservadoras já experimentadas pelo Brasil. Longe de ser uma violação de seus mais caros princípios, adotada pela total impossibilidade de uma conduta distinta, ela se mostrou o caminho natural a ser seguido e foi conscientemente escolhida. Pressionados a optar entre resistir a um curso – que já estava em marcha e havia

8 • Brasil *Delivery*

colocado o país numa armadilha – ou permanecer nesse caminho, o partido e seu líder maior não tiveram nenhuma dúvida: dando vazão ao conservadorismo que jazia logo abaixo da aparência contestadora trajada ao longo de mais de duas décadas (e que lhes rendera a vitória nas eleições), escolheram a continuidade.

Dado o inusitado da situação, podemos dizer, parafraseando Marx – o qual assim se expressou em relação às crises monetárias que de quando em quando se abatem sobre o capitalismo –, que ao susto teórico (e histórico) aliou-se o pânico prático, pois, vindo de quem vinha, era evidente que essa escolha implicava o abandono da perspectiva do desenvolvimento, a desistência do alcance de uma soberania que ainda estava por ser construída e a total entrega do país a interesses alheios aos da imensa maioria de sua população. Esse pânico prático, é evidente, não acometeu a todos indistintamente – tomou de assalto, em especial, aqueles que estiveram envolvidos intelectual e politicamente com a construção daquela suposta opção. Sendo esse o caso da autora destas linhas, tornou-se inevitável a busca de explicações e de uma maior compreensão sobre o que estava de fato se passando.

A origem deste livro deve muito a essa procura de informações, de interpretação histórica, de aprimoramento do diagnóstico. Escritos entre março de 2003 e novembro de 2005 (com exceção do posfácio, elaborado em novembro de 2007, a partir de artigo redigido em fevereiro de 2007), os artigos aqui reunidos procuraram, a cada momento, dar conta da situação criada com a eleição de Lula e com as escolhas feitas por ele para governar o país. Mas, como o trabalho intelectual é altamente socializado, este compêndio não existiria se, mesmo com o susto histórico, o pânico prático e a profunda indignação, não houvesse também um forte estímulo intelectual e demandas de origem vária que me instaram a pôr no papel e, portanto, a organizar tudo aquilo que vinha atabalhoadamente percebendo e considerando.

Assim, minha dívida maior é com Paulo Arantes, que, desde nossas primeiras conversas depois da ascensão de Lula, convocava-me a escrever as observações que lhe fazia, em especial aquelas sobre a política econômica do novo governo. Essa convocação tomou a forma concreta de um convite para escrever um pequeno artigo para a revista *Reportagem* – excelente publicação mensal paulistana dirigida pelo jornalista Raimundo Rodrigues Pereira e na qual Paulo Arantes organizava um caderno especial de opinião. Um convite para participar de um seminário em Belo Horizonte, em abril de 2003, organizado pelos professores João Antonio de Paula e Marco Aurélio Crocco, havia me obrigado a minimamente organizar, para preparar a intervenção que ali faria, meus argumentos a respeito do caráter do governo que se iniciava. Tendo aceitado o convite de Raimundo e Paulo, retomei aquelas ideias e produzi o artigo encomendado. Ao escrevê-lo deparei com a expressão que encima este livro e que me pareceu, e ainda me parece, resumir com inequívoca clareza o resultado mais nefasto da opção pela continuidade que Lula e o PT patrocinaram. É mister lembrar que foi um prócer do primeiro escalão desse governo quem afirmou ser *delivery* a palavra da moda. O que fiz foi juntar numa expressão única, contraditória por definição, as duas metades desse projeto nacional inconcluso chamado Brasil.

Mas "Brasil *Delivery*" não era propriamente um artigo acadêmico, dado o veículo para o qual havia sido escrito. O professor João Antonio de Paula entra novamente em cena, com a proposta de transformar em livro os calorosos debates ocorridos no seminário de Belo Horizonte. Alonguei então o artiguete que já existia, aprofundei-lhe as considerações de natureza mais teórica e terminei assim, em julho de 2003, o artigo que abre a coletânea.

No início de 2004, findo o primeiro ano do governo de Lula – com resultados desastrosos no que se refere a crescimento econômico e geração de emprego –, urgia a necessidade de aprofundar a discussão e guarnecê-la de considerações teóricas mais robustas. Um convite para escrever um artigo para a revista alemã *Prokla*, uma antiga dívida com o periódico brasileiro *Crítica Marxista* e a quarta edição do seminário "Marx internacional", que ocorreria em Paris em setembro daquele ano, combinaram-se para formar conjuntamente o álibi de que eu necessitava para pôr em marcha esse projeto. É nesse segundo artigo que começa a tomar forma aquilo que já estava em germe no primeiro, ou seja, a tese de que o Brasil vem se transformando a passos largos numa plataforma de valorização financeira internacional.

Em agosto de 2004 mais uma demanda, dessa vez formulada pelo professor João Sicsú, permitiu-me prolongar a reflexão. Sicsú organizava então um livro no qual planejava justapor leituras econômicas, políticas e ideológicas as mais variadas sobre o governo de Lula e as perspectivas de nosso desenvolvimento, e convidou-me a participar do volume. Sob o pretexto de realizar um balanço do primeiro ano e meio

10 • Brasil *Delivery*

desse governo, regresso aos argumentos anteriores, tomo de empréstimo uma instigante tese de Paulo Arantes, aprofundo a questão teórica da dívida pública e de seu papel na valorização financeira, e está pronto o terceiro artigo.

Entrementes eu tocava também, além da atividade acadêmica usual, a presidência da Sociedade Brasileira de Economia Política (SEP), entidade à qual me filiei desde seu início em 1996 e da qual fui diretora (1996-1998) e vice-presidente (1998-2000). Eleita em junho de 2004 para gerir a entidade no biênio 2004-2006, destaquei em minha proposta de trabalho a necessidade de que a SEP, sem descuidar de seu papel acadêmico de fortalecer o pensamento heterodoxo *vis-à-vis* a dura investida da ortodoxia, aprofundasse seu papel político. Uma das medidas concretas que tomei com esse intuito, junto com a diretoria que comigo se elegeu, foi inscrever a SEP na quinta edição do Fórum Social Mundial, que ocorreria em Porto Alegre, em janeiro de 2005. Entre as atividades que ali propusemos e realizamos houve uma mesa sobre a questão dos novos governos latino-americanos (particularmente o de Lula no Brasil, o de Kirchner na Argentina e o de Tabaré no Uruguai) e sobre até que ponto eles poderiam ser considerados alternativas ao neoliberalismo no continente. Particularmente no caso do Brasil, o aprofundamento dessa discussão mostrava-se de fundamental importância, dada a equivocada interpretação corrente, mesmo entre intelectuais de esquerda, de que Lula fazia o enfrentamento que era possível à doutrina e aos interesses dominantes, rendendo-se a eles apenas quando não havia outra alternativa. Era essa, portanto, a oportunidade que faltava para colocar no papel a tese de que o governo Lula não só não constituía alternativa, em qualquer aspecto considerado, ao neoliberalismo, como era sua mais completa encarnação.

Foi aí que comecei a juntar duas áreas de discussão nas quais vinha militando há algum tempo, quais sejam: a análise do desenvolvimento capitalista no Brasil, de um lado, e a história do neoliberalismo como doutrina e coleção de práticas de política econômica, de outro. O quarto artigo é o resultado primeiro dessa junção e da organização dessa discussão. Seu resultado mais bem acabado está no último artigo (o sexto), escrito, dessa vez, por encomenda da Escola Politécnica de Saúde Joaquim Venâncio, entidade pertencente à Fundação Oswaldo Cruz. Em comemoração aos vinte anos de existência da escola, seus gestores houveram por bem realizar um seminário em que se discutisse não só educação, não só formação de profissionais para atuar na saúde pública, mas também o pano de fundo em que essa atividade se desenvolve. Convidaram-me, então, por volta de julho de 2005, a escrever um artigo, que deveria estar pronto ao fim de outubro, sobre a dinâmica e os impasses do neoliberalismo no Brasil. Não poderia haver melhor oportunidade para aprofundar a discussão que eu iniciara na intervenção feita no V Fórum Social Mundial e que foi publicada no número 16 da *Revista da Sociedade Brasileira de Economia Política*.

Tive aí também a oportunidade de dar maior curso a outra tese que já havia delineado anteriormente. Mais uma vez instada por Paulo Arantes, fiz uma intervenção, numa atividade promovida pela revista *Margem Esquerda*, na mesma quinta edição do Fórum Social Mundial, a fim de mostrar que Lula fazia uso de um instrumento singular para levar adiante sua política hiperconservadora: a decretação de um estado de emergência econômico. A ideia, então apenas esboçada, encontrou no artigo escrito para a Escola Politécnica a oportunidade de se desenvolver.

Mas, antes disso, uma nova solicitação do professor João Antonio de Paula revelou-se providencial. Preparando, em abril de 2005, uma nova edição do seminário ocorrido em Belo Horizonte dois anos antes, ele me convidou a escrever sobre a questão dos investimentos no Brasil. Atulhada de compromissos, como sempre, aceitei a empreitada, mas propus ao professor Christy Pato, amigo, interlocutor e secretário da SEP, que se associasse a mim nesse projeto. Estimulada pelo tema que me havia sido encomendado e pelo enquadramento geral do seminário, denominado agora "A economia política do desenvolvimento" (o anterior denominara-se "A economia política da mudança"), ampliei um pouco o foco do momento corrente para pensar o curso dos acontecimentos num escopo temporal mais largo. Já que a tese da posição do Brasil como plataforma de valorização financeira internacional estava na minha cabeça, pensei de imediato numa primeira seção que colocasse lado a lado mais de meio século de informações sobre a formação bruta de capital fixo e sobre as despesas com rendas da balança de serviços do balanço brasileiro de pagamentos. Intuí também que seria necessário repensar a questão da "dependência", que em princípio caracterizaria ainda nosso processo de desenvolvimento. O professor Christy, hábil em números e computadores e competente no tema da teoria da dependência (defendera em 2004, no Departamento de

12 • Brasil *Delivery*

Ciência Política da FFLCH/USP, brilhante dissertação de mestrado sobre a matéria), era o sócio ideal para levar adiante tais pretensões. Trabalhando juntos, compilamos informações para confirmar a tese da plataforma de valorização financeira, ousamos propor a troca do termo "dependência" pelo termo "servidão" (no caso, servidão financeira) e, como subproduto, numa analogia à descoberta anterior de Caio Prado, deparamos com o sentido da industrialização no Brasil. Esse, portanto, é o conteúdo do quinto artigo, o qual foi publicado no livro organizado pelo professor João Antonio de Paula, com as contribuições do seminário, e que veio a público em outubro de 2005. Contudo, contrariamente ao esperado, o volume não trouxe como título o nome do evento que lhe deu origem ("A economia política do desenvolvimento"), mas o expressivo, e sintomático, *Adeus ao desenvolvimento: a opção do governo Lula.*

Foi mais uma vez Paulo Arantes, que tenho o privilégio de ter como leitor, quem considerou que esses artigos todos que vim escrevendo desde a posse de Lula em janeiro de 2003 poderiam ser publicados conjuntamente, num único volume. Ponderou que sua publicação na coleção Estado de Sítio, por ele dirigida na Boitempo, viria a calhar. Assim, em meados de 2006, teve início a edição do volume que agora vem a público. Nesse meio tempo Lula se reelegeu, a economia mundial tornou-se ainda mais ambígua – crescendo de modo sistemático como não crescia há pelo menos trinta anos, mas ao mesmo tempo sendo assombrada pelo fantasma de uma crise financeira a ser detonada pelo mercado imobiliário norte-americano – e a economia brasileira experimentou um crescimento menos tímido que, no entanto, em nada alterou o diagnóstico anteriormente feito. Em razão disso, um posfácio tornou-se necessário; este foi elaborado tomando por base um artigo escrito com o professor Rodrigo Alves Teixeira a propósito do lançamento do Plano de Aceleração do Crescimento (PAC) e publicado na *Folha de S.Paulo* em 10 de fevereiro de 2007.

A generosidade da editora Autêntica, da editora Manole, da Escola Politécnica de Saúde Joaquim Venâncio, da *Crítica Marxista* e da *Revista da SEP*, que permitiram a republicação dos textos, tornou possível a concretização da ideia de reuni-los todos. A despeito do caráter conjuntural de muitas das observações aqui encontradas, o que predomina são as proposições de caráter estrutural. Por essa razão, e também porque as considerações empurradas pela conjuntura dão conta das circunstâncias em que os artigos foram escritos, eles foram aqui republicados tal como se encontram em suas edições originais. As diferenças eventualmente encontradas devem-se a cortes efetuados para evitar repetições.

São Paulo, dezembro de 2007

BRASIL *DELIVERY*
razões, contradições e limites da política econômica nos primeiros seis meses do governo Lula

> "José Dirceu pronunciou um discurso
> que nem o Pedro Malan faria..."
> (Olavo Setúbal, presidente do Conselho de
> Administração do Itaú, em entrevista
> à *Carta Capital* de 25/6/2003)

1. A morte da macroeconomia

Desde seu início, em janeiro de 2003, o governo Lula vem praticando uma política econômica de inclinação inequivocamente liberal, confirmando o que muitos esperavam, alguns com angústia, outros com alívio. Teses e argumentos incansavelmente defendidos ao longo dos oitos anos de governo Fernando Henrique Cardoso (FHC), sempre criticados pelo Partido dos Trabalhadores, são agora afirmados pelo governo deste último com desconcertante naturalidade.

Acreditam alguns que a gestão Lula será ainda mais liberal que a de seu antecessor, pois conseguirá levar a cabo uma série de transformações com as quais FHC apenas sonhou. Angeli, em charge na *Folha de S.Paulo* de 26 de abril de 2003, traduz à perfeição essa expectativa: especulando sobre o retrato presidencial, o primeiro indivíduo toma Lula por um sósia de FHC; o segundo, em dúvida, argumenta que "este é mais gordinho"; ao que o terceiro retruca: "que nada, este é o FHC verdadeiro".

Ainda que não seja uma completa surpresa – para alguns, essa manobra radical já estava em germe no início de 2002 e, para outros, antes mesmo disso –, o cenário impõe reflexão: quais as razões de tamanha virada? quais os limites dessa política?

Comecemos pelas razões. A primeira alegada razão é sobejamente conhecida. Mesmo o mais distraído observador da cena nacional a tem na ponta da língua. Trata-se da famosa "Tina" ("*There is no alternative*"), na qual estivemos submersos nos últimos oito anos e da qual muitos acreditaram que sairíamos, ou, ao menos, ergueríamos um pouco a cabeça.

16 • Brasil *Delivery*

O primeiro elo da cadeia argumentativa que sustenta a força da Tina é o de que existe só uma macroeconomia. Repetido hoje de A a Z, ou seja, por economistas das mais variadas filiações ideológicas, o argumento reza que não há política econômica de direita, de esquerda ou de centro. Existe a política certa, tecnicamente (*sic*) fundamentada, neutra; e existe a política errada, irresponsável, utópica, ingênua, populista. Portanto, todo e qualquer ajuste só pode se dar na esfera microeconômica: o *spread* bancário é alto? – mexa-se na Lei de Falências; a renda é mal distribuída? – basta "focar" os programas sociais e aumentar sua eficiência; e assim por diante. São intocáveis o ajuste fiscal "duro", o juro real elevado, a política monetária contracionista, o câmbio flutuante, a livre movimentação dos capitais.

Portanto, se só há uma política macroeconômica cientificamente comprovada, um governo responsável, qualquer que seja sua filiação ideológica, deverá adotá-la. O matiz ideológico fica assim relegado à condução de políticas de enfoque microeconômico: mais ativamente "pró-social" para os governos de esquerda (políticas compensatórias etc.), menos preocupadas com o "social" para os de direita[1].

Não é demais lembrar que essa política macroeconômica, considerada a única correta porque a única verdadeiramente científica, implica, particularmente no caso de economias como a brasileira, a extinção do espaço em si da política econômica: a política monetária fica atrelada às metas inflacionárias; a fiscal, aos superávits; e a cambial é comandada pelo próprio mercado. Nesse contexto, aliás, não há rigorosamente nenhuma diferença entre a independência do Banco Central e sua "autonomia operacional".

---

[1] Não é preciso dizer o quanto há de ideológico nessa forma de colocar as coisas. Reconhecer a existência do "problema do social" – expressão que vem se consagrando nos últimos anos – implica tomar espuriamente o todo como se fosse só uma parte, e certamente não a mais importante, da questão nacional. Evidentemente essa expressão e outras que lhe são correlatas não estão desvinculadas da ideia de que só há uma macroeconomia. Pelo contrário, elas reafirmam a tese de que a economia, macroeconomicamente falando, deve ser tratada pelos governos "separadamente" do "restante" dos problemas. O conteúdo desse discurso – que não pode ser plenamente descortinado, sob pena de comprometimento de seus propósitos – é que economia e sociedade devem ser consideradas como dois mundos que não se conectam.

2. A lógica da credibilidade

Numa economia como a nossa, ceder aos apelos do crescimento e do aumento do emprego mexendo em qualquer dos dogmas da política econômica cientificamente comprovada implica pôr em risco a "credibilidade", segundo elo da cadeia argumentativa que sustenta a Tina.

A necessidade de recuperar a "credibilidade" do país foi e é utilizada como justificativa número 1 para a manutenção e mesmo a exacerbação, neste início de governo, da política econômica operada pelo governo FHC. Mas, colocada dessa forma, ela gera a expectativa de um espaço para a alteração dessa política, uma vez recuperada a dita credibilidade. A queda acelerada do risco-país, a recuperação do preço dos C-Bonds (títulos brasileiros negociados nos mercados internacionais) e a tão festejada valorização do real começaram a apontar para isso pelo menos desde o início de abril de 2003. Os jornais passaram a dizer que "o Brasil virou moda em Wall Street" e que, para os investidores estrangeiros, "Lula é um bom negócio".

Teria chegado com isso, finalmente, a hora e a vez da política econômica indutora do crescimento e do emprego? Ledo engano. Além de não tomar nenhuma medida sinalizadora de uma tal política nas demais áreas (como, por exemplo, a fiscal), no que tange à sua face mais visível, a área monetária, também nada mudou. O Comitê de Política Monetária (Copom), desde então, manteve praticamente inalterada a taxa básica da economia em torno dos 26% ao ano[2], uma elevação de 8 pontos percentuais em relação à taxa vigente em julho e de 4 pontos percentuais em relação à vigente em dezembro de 2002.

O equívoco, porém, não é de quem manteve a política monetária, que, para não dar margem a dúvidas, impôs, em fevereiro, mediante o aumento do compulsório dos bancos, um corte de liquidez que atingiu quase 10% dos meios de pagamento da economia. O engano é de quem acreditou ou acredita que a rendição do governo petista ao canto de sereia do discurso liberal é apenas temporária e estratégica, necessária para "fazer a travessia" e garantir uma "transição sem traumas".

---

[2] A reunião de abril retirou o viés de alta da taxa básica, mantendo-a, porém, nos 26,5% que vigoravam desde fevereiro. A reunião de maio não mudou nada nessa situação, e a reunião de junho cortou irrisório 0,5%.

18 • Brasil *Delivery*

As autoridades econômicas deixaram muito claro, desde o início da gestão Lula, que seria esse o modelo a ser seguido e que, portanto, a recuperação da economia do país, a retomada do crescimento e a redução do desemprego teriam de se encaixar dentro dessas regras ou então não se efetivariam. Em texto recente[3], o professor João Machado Borges Neto mostra, com profusão de detalhes, o passo a passo da conversão petista aos ditames da política liberal. Numa acurada análise do discurso de posse proferido pelo ministro Antonio Palocci em 2 de janeiro de 2003, Borges Neto indica que há uma confusão no que se vem entendendo por "transição". O mandatário número 1 do ministério mais importante da área econômica deixou claro ali que a tão esperada transição se refere à superação das dificuldades de curto prazo, *dentro do mesmo modelo*, que, segundo o ministro, é aquele que respeita os "princípios básicos da política econômica". Não se vislumbra, portanto, no horizonte da atual gestão, nenhuma mudança de modelo[4].

Posição coerente, sem dúvida, visto que qualquer sinalização, por tênue que fosse, na direção de uma efetiva mudança, invertendo prioridades e dando primazia à recuperação do crescimento e do emprego, poria por terra essa tal "credibilidade". De fato, a lógica segundo a qual ela opera não permite tal violação. Uma vez conquistada, a "credibilidade" cobra um preço alto pela fidelidade: a manutenção de todos os mimos que permitiram sua conquista, a saber: a política monetária contracionista, o juro real elevado, o ajuste fiscal duro etc. Portanto, equivocou-se quem esperava por uma mudança efetiva. Crescimento econômico e redução do desemprego serão aqueles que o modelo permitir. Nesses marcos, eles nunca poderão ter primazia, ou seja, nunca passarão a ser o objetivo número 1 da política econômica, simplesmente porque isso é incompatível com os "princípios básicos" do modelo adotado. Em poucas palavras, se for possível obter também esses resultados,

---

[3] "Um governo contraditório", *Revista da Sociedade Brasileira de Economia Política*, n. 12, jun. 2003.

[4] O secretário de política econômica do Ministério da Fazenda, Marcos Lisboa, afirmou em uma entrevista esperar que o Brasil cresça em 2003 mais do que "vem crescendo recentemente". "Mas, no caso de o Brasil não voltar a crescer, o governo tem um plano B?", pergunta o repórter. "Não tem plano B. Isso faz parte de especulações naturais que sempre ocorrem", foi a resposta de Marcos Lisboa. Cf. "Brasil está menos dependente, crê Lisboa" (entrevista concedida a Guilherme Barros), *Folha de S.Paulo*, 17/3/2003, p. B6.

por pífios que sejam, ótimo. Se não... paciência. Mas, sendo assim, de que serve a tão buscada e defendida credibilidade?

3. Brasil *Delivery*, ou para que serve a credibilidade

Se não é para permitir prioritariamente a retomada do crescimento econômico e do emprego, de que serve a conquista dessa tal credibilidade? Perguntemos, em primeiro lugar, por suas consequências. A mais badalada delas foi a súbita engorda da balança de capitais nos primeiros meses de 2003, o que explica, como se sabe, a acelerada queda de valor da moeda norte-americana que se seguiu. Mas que dólar é esse? "País atrai capital volátil; dólar produtivo seca", diz a manchete do caderno *Dinheiro* da *Folha de S.Paulo* de 25 de abril. Ao contrário do ocorrido com o capital de curto prazo, cujas entradas cresceram mais de 1.300% no primeiro trimestre de 2003 comparado a igual período de 2002, a entrada de capital resultante de investimentos diretos estrangeiros, no mesmo período e comparada a base idêntica, caiu quase 58%. Tal assimetria explica-se, de um lado, pela inevitável arbitragem operada pelos mercados em condições de risco reduzido e taxa real de juros elevada e, de outro, pelo esgotamento da fonte que produziu, em anos anteriores, os polpudos recursos oriundos de investimentos estrangeiros diretos (não há mais quase nada para ser privatizado, e o capital privado de bom potencial e preços irrisórios já foi praticamente todo negociado)[5].

Ressalve-se, porém, que, mesmo que os recursos em tela tivessem se originado da banda saudável da balança de capitais, as consequências,

---

[5] A reforma da Previdência, na forma como está sendo proposta, com a insistência no regime único ou assemelhado e com a insistência na fixação de um teto bastante reduzido para os benefícios a serem pagos pelo Estado, deverá redundar num processo de abertura à exploração por parte do setor privado nacional e internacional de um mercado previdenciário substantivo, até então "monopólio" do Estado. Contudo, não se trata aí de uma privatização ao estilo convencional, mas da constituição, para o setor privado, de uma espécie de reserva de mercado, na qual as oportunidades de ganho podem ser bastante promissoras, já que são cerca de 4,5 milhões de servidores públicos no país. A criação de fundos de pensão complementares para servidores públicos, geridos pela iniciativa privada, aliás, é compromisso que faz parte do acordo do Brasil com o FMI assinado em agosto de 2002 e que foi tranquilamente acatado pelo governo do PT na revisão feita em março de 2003.

do ponto de vista da performance futura das contas externas, seriam praticamente as mesmas, a saber: valorização da moeda doméstica e piora nos resultados da balança comercial e da balança de serviços não fatores. Daí à decisão de financiar com recursos provenientes da movimentação de estoques o pesado déficit em transações correntes – portanto, déficit de fluxo – do balanço de pagamentos é só um pulinho. Não há espírito que resista a tamanha tentação, ainda mais se junto com ela vem o brinde da moeda doméstica revalorizada, que sustenta a ilusão de que um país como o Brasil possa ter uma moeda de verdade, ou seja, incondicionalmente conversível. O ideário vigente nunca associa responsabilidade fiscal e "macroeconômica" (*sic*) à responsabilidade cambial.

Que os recursos que têm feito a festa do governo e da mídia, sobretudo a televisiva, venham não do lado saudável, mas do lado cigano, volátil, especulativo da balança de capitais, só agrava a situação. Caído em tentação, o país descuidará, mais uma vez, da divisa boa, que cria demanda efetiva e impulsiona crescimento e emprego, e estará definitivamente nas mãos do mercado, inteiramente refém de seus caprichos. Além de tudo, a tão decantada credibilidade pode ir à lona subitamente se, por uma razão qualquer, fundamentada ou não, verdadeira ou forjada, os mercados, hoje tão bem-humorados com o país, resolverem mudar de humor. Já vimos esse filme antes, por sinal muito recentemente, e sabemos que triste fim ele tem.

Mas por que não intervir? Não detém o Banco Central os instrumentos que lhe permitem enfrentar tanto quedas quanto elevações exacerbadas do valor da moeda doméstica? Aliás, não age ele sempre assim e quase automaticamente quando o movimento se dá no sentido inverso? Interlocutores de peso têm feito tal pregação, mas mesmo assim as autoridades econômicas não se dispuseram ainda a operar a reclamada intervenção. Parece-lhes uma heresia impedir a valorização da moeda nacional, mesmo que ela ocorra por obra e graça de capitais ariscos, pouco confiáveis e dispostos a dar no pé ao primeiro sinal de perigo. Não é demais, diante disso, relembrar o lamento de Celso Furtado em entrevista concedida ao jornal *Valor* em junho de 2000: "Agora, o Brasil chegou ao extremo [...]. O triste é imaginar que um país em construção seja entregue ao mercado".

Mais triste ainda, podemos completar agora, se essa entrega for patrocinada pelo governo de um partido que nasceu, cresceu e fortaleceu-se na luta pela construção de uma nação soberana, capaz de tratar com dignidade todos os seus cidadãos[6]. A "credibilidade", em cujo nome são exigidos tão pesados sacrifícios, é necessária para manter a vulnerabilidade do país, não sua estabilidade e a sustentabilidade de seu crescimento, incansavelmente reivindicadas pelo PT ao longo dos oito anos do reinado de FHC. É claramente falacioso, pois, o argumento da credibilidade, assim como falaciosa é a tese de que só há uma macroeconomia. Esta última só se sustenta, se é a manutenção desse tipo de credibilidade o que está no horizonte. E a credibilidade/vulnerabilidade de economias como a brasileira é necessária para a valorização dos capitais especulativos que hoje dominam o processo de acumulação, como necessários são as crises, as turbulências, os súbitos movimentos de preços das moedas fracas, as elevadas taxas reais de juros etc. É precisamente isso que produz a engorda do capital especulativo no mundo e o torna cada vez mais poderoso.

A afirmação peremptória de que existe uma única macroeconomia, independentemente da intenção com que é feita, esconde, atrás de sua aparente tecnicidade e neutralidade, o benefício de interesses muito específicos, que estão em linha com a virada pró-acumulação financeira do capitalismo mundial que começa no fim dos anos 1970, devasta a América Latina nos anos 1990 e ainda está por aqui, firme e forte. A política econômica do governo do PT fortalece esse ideário, visto que foi abraçada e é defendida e aplicada pelo maior partido de esquerda do mundo no governo do maior país da América Latina, ganhando assim um inestimável reforço em sua imagem de política cientificamente comprovada.

Talvez fosse possível argumentar que, independentemente da verdadeira vontade do partido e do presidente eleito, a adoção desse modelo impôs-se como necessidade, dada a "herança maldita" que o governo anterior deixara. E como uma vez que se embarque nesse bonde não é possível dele saltar sem provocar um tumulto talvez maior do que o que se tentou evitar, o governo Lula teria decidido de uma vez por todas, ainda antes de assumir, adotar o tal modelo e

---

[6] Segundo Otaviano Canuto, secretário de Relações Internacionais do Ministério da Fazenda: "A palavra-chave é *delivery*, como bem empregou um analista de Wall Street. A gente está prometendo e a gente está entregando" (citado por Paulo Nogueira Batista Jr. em "Paciência!", *Folha de S.Paulo*, 10/4/2003, p. B4).

tentar firmemente, por mais que reconhecesse que ele não é o ideal para isso, encaixar aí seus verdadeiros objetivos (crescimento econômico, recuperação dos níveis de emprego, distribuição de renda etc.). Se comprovada, a tese traria pelo menos um alento: a escolha, pelo governo do PT, do modelo anticrescimento poderia ser considerada uma irônica fatalidade.

É esse, como se sabe, o tipo de argumento que tem sido utilizado pelo governo: já que o país se desfazia como gelatina em janeiro de 2003, tomar qualquer medida que jogasse mais lenha na fogueira da desconfiança seria uma temeridade que poderia colocar em risco a própria governabilidade. A queda do risco-país, a revalorização do real etc. seriam a comprovação do acerto da escolha.

Mas serão verdadeiras as premissas desse argumento? Já se demonstrou de maneira inequívoca que o país estava à beira do precipício no início da gestão Lula? Veremos que não. E não se provoca com isso nenhuma minimização dos descalabros cometidos pela gestão anterior. As perversas consequências para o país da política adotada pelo governo FHC são de natureza estrutural, enquanto o argumento com o qual se justifica a ortodoxia do início do governo Lula é de natureza indiscutivelmente conjuntural. Vejamos.

4. Dezembro de 2002: o Brasil à beira do precipício?

Que problemas podem se agravar num país como o Brasil a ponto de se dizer que ele está à beira do precipício e que por isso se requer a adoção de medidas drásticas para reverter o quadro? O primeiro problema, sem dúvida nenhuma, é o risco da inadimplência externa, o famoso *default*, que o jargão economês houve por bem consagrar. Outro é o descontrole inflacionário, capaz de desorganizar o sistema produtivo e parar o país. Vejamos cada um deles.

A piora estrutural das contas externas do Brasil é certamente uma das mais perversas heranças legadas pelo governo FHC. A abertura externa estabanada, além de elevar a dependência do país em setores estratégicos como os de insumos básicos e bens de capital, produziu um substantivo estoque de capital privado nacional bom e barato que foi parar nas mãos do capital estrangeiro. O processo de privatização das estatais produtoras de serviços industriais de utilidade pública impôs a elas o mesmo destino. Como resultado, a balança de serviços é hoje muito mais pesada, por conta do aumento do déficit na balança de rendas, resultado inescapável da duplicação do passivo externo líquido do país. Além disso, agora muito mais do que antes, o crescimento do produto depende das importações.

O déficit da balança de rendas (lucros, dividendos e juros), que girou em torno de US$ 11 bilhões ao longo dos anos 1980 e 1990, até 1996, salta para a esfera dos US$ 15 bilhões em 1997 e para US$ 19 bilhões a partir de então. Esse estrago estrutural teve um componente adicional, de natureza conjuntural e de enorme peso, com os quatro anos e meio de moeda nacional artificialmente valorizada. Daí os megadéficits em transações correntes que passaram a ser produzidos[7]. O componente conjuntural foi resolvido com a desvalorização do câmbio em janeiro de 1999. O estrutural permanece e só com mudanças estruturais (redução da dependência, diminuição do passivo externo) pode ser minorado.

Evidentemente, dada a piora estrutural das contas externas, nossa vulnerabilidade também cresceu e, na presença de componentes conjunturais também adversos, pode de fato produzir crises que coloquem o país à beira do precipício. Depois de janeiro de 1999, o Brasil teve de recorrer ainda mais duas vezes ao FMI, ameaçado que estava de não honrar seus compromissos externos. A primeira delas foi em junho de 2001, quando o governo FHC, vendo cair por terra suas expectativas quanto ao volume de recursos de investimentos externos diretos que o país receberia, decidiu preventivamente recorrer ao Fundo, obtendo US$ 15 bilhões. A segunda vez foi precisamente em agosto de 2002, quando a turbulência eleitoral provocada pela liderança de Lula e pelo terrorismo que se fez em torno disso fez subir o risco-país, desvalorizou os títulos brasileiros no mercado externo e, em consequência, retraiu a entrada de recursos na balança de capitais. Foram então obtidos US$ 30 bilhões, entre saques e postergação de pagamento ao próprio Fundo de valores referentes a empréstimos anteriores.

---

[7] Se tomarmos a somatória do saldo em transações correntes do Brasil no período 1984-1993, chegaremos a um déficit total de US$ 1,3 bilhão no período. Se fizermos o mesmo exercício para a década seguinte, ou seja, para o período 1994-2003, supondo para 2003 o mesmo déficit verificado em 2002 (US$ 7,7 bilhões), o resultado é um déficit total de US$ 196 bilhões, isto é, um resultado 150,8 vezes pior do que nos dez anos anteriores.

24 • Brasil *Delivery*

Assim, se houve algum momento em que se pôde considerar que o país estava à beira do precipício (leia-se: à beira da insolvência externa), prestes a reduzir suas reservas abaixo do mínimo exigido pelos organismos internacionais, esse momento foi em meados do ano, ou seja, julho e agosto, culminando com a assinatura do terceiro acordo com o FMI no exíguo período de três anos. Poder-se-ia argumentar que isso não teria sido suficiente para tirar o país dessa situação, uma vez que o valor em reais do dólar norte-americano continuou a subir, enquanto o risco-país não cedeu. Mas serão esses bons indicadores para o que se está querendo medir? A verificação do comportamento do nível de reservas não produzirá uma indicação mais concreta? Quando se observa essa variável, porém, o que se nota é que ela apresenta um comportamento surpreendentemente estável ao longo de 2002, com níveis muito semelhantes aos verificados durante 2001. As reservas começam o ano em cerca de US$ 36 bilhões (a média de 2001 foi de US$ 36,3 bilhões), oscilam para US$ 33 bilhões em abril e maio, alcançam a faixa dos US$ 40 bilhões em junho e julho, ficam na esfera dos US$ 38 bilhões em agosto e setembro e dos US$ 36 bilhões no bimestre seguinte, fechando o ano com US$ 37,8 bilhões. Note-se, além do mais, que fez parte do acordo com o FMI a redução de US$ 10 bilhões no nível mínimo de reservas exigido (que cai então para US$ 5 bilhões), uma cautela adicional que, como se vê, o Brasil não precisou utilizar.

Em dezembro de 2002, portanto, do ponto de vista das condições necessárias para honrar os compromissos externos, a situação estava equacionada. Além disso, e este talvez seja um elemento ainda mais importante, a balança comercial vinha apresentando resultados absolutamente surpreendentes, superando em cerca de 50% as previsões feitas pelo próprio governo. Assim, do ponto de vista da performance futura das contas externas, em dezembro de 2002 as expectativas eram muito melhores do que as existentes, por exemplo, um ano antes, quando se esperava um resultado positivo nessa área, porém não na magnitude do efetivamente obtido.

Em outras palavras, isso significa que, com o acerto do câmbio, as contas do comércio exterior começavam a caminhar na direção certa. É bem verdade que a redução no ritmo do crescimento econômico em 2002 deu uma mãozinha para a obtenção de resultados tão favoráveis, visto que reduziu o dispêndio previsto com as importações. Porém, analisando os dados detalhadamente, percebe-se que o resultado mais expressivo para a obtenção desses superávits vem mesmo do lado das exportações. Em dezembro de 2002, por exemplo, quem comparasse o valor das exportações e importações no período julho-novembro daquele ano com os mesmos valores no mesmo período do ano anterior teria percebido um crescimento de cerca de US$ 5,2 bilhões nas exportações, contra uma queda de apenas US$ 3,2 bilhões nas importações. Essa tendência, já perceptível no último mês de 2002, foi se confirmando integralmente em 2003. No período janeiro-maio de 2003, as exportações alcançaram um valor cerca de US$ 6 bilhões maior que o obtido no mesmo período de 2002, enquanto o valor das importações ficou praticamente estável: US$ 19,1 bilhões em janeiro-maio de 2003, contra US$ 19 bilhões no mesmo período de 2002.

Considerando, de um lado, o comportamento do nível de reservas e, de outro, as boas perspectivas da balança comercial já claramente perceptíveis ao fim de 2002, e considerando também que já havia sido assinado o acordo com o FMI, o que permitiria enfrentar qualquer tempestade inesperada, fica muito pouco plausível a versão oficial de que as drásticas medidas monetárias e fiscais tomadas no início da gestão Lula teriam sido necessárias porque o Brasil estava "quebrado", "à beira do precipício", "derretendo como manteiga", "se desfazendo como gelatina" etc.

Mas o contra-argumento já está pronto: o problema era a inflação, que se mostrava completamente fora do controle. Iniciar o governo Lula permitindo um descontrole monetário dessa ordem seria como assinar logo de cara um atestado de incompetência e comprometer a viabilidade da gestão. Assim, a manutenção dos juros básicos em níveis reais substantivamente elevados teria se imposto como necessidade, bem como a elevação do compulsório dos bancos implementada em fevereiro.

Desde o início, vendeu-se o argumento de que as taxas de juro só poderiam baixar quando a inflação cedesse. Por trás dele, encontra-se o conservador diagnóstico de que o súbito surto de elevação de preços que o país experimentava era decorrente de inflação de demanda, já que só nesse caso é que uma taxa real de juros elevada pode ter algum papel para resolver o problema, uma vez que inibe os investimentos e pode conter o consumo, o mesmo podendo ser dito do corte de liquidez. Só nessas condições, aliás, é que poderiam ser constituídos novamente mecanismos informais de indexação que voltassem a jogar para a frente a inflação passada, reinaugurando um movimento muito conhecido da economia brasileira. Mas como defender um tão implausível diagnóstico com a economia estagnada e o desemprego batendo recordes atrás de recordes? De onde poderia estar vindo tamanha pressão por reajustes de preços, de modo que comprometesse a estabilidade monetária do país?

Evidentemente o problema não era esse. Como é sabido, por conta justamente da turbulência provocada pelo processo eleitoral, o preço em reais da moeda norte-americana disparou a partir de junho de 2002, atingindo quase R$ 4 em setembro. Com a defasagem que sempre existe nesses casos, os índices de preços passaram a incorporar esse choque a partir de outubro/novembro. Acrescente-se aqui que, na cesta de bens que dá a base para esses índices – e, portanto, também para o Índice de Preços ao Consumidor Amplo (IPCA) do IBGE, que é o índice acompanhado para efeitos de controle das metas inflacionárias –, têm peso muito substantivo as tarifas de serviços industriais de utilidade pública, bem como os chamados preços administrados, como combustível, gás etc. Nessas circunstâncias, era evidente que a absorção total do choque provocado pela elevação súbita do câmbio, mesmo com sua redução posterior (ele fecha o ano na faixa dos R$ 3,50), demoraria alguns meses, visto que a assincronia existente no processo de reajuste de preços tornaria impossível que todo ele fosse absorvido de uma só vez. Portanto, fosse qual fosse a condução da política monetária, pelo menos quatro ou cinco meses de índices elevados existiriam como mera consequência da elevação do preço do dólar entre junho e setembro de 2002.

Não existia, pois, nenhum indicador de que o processo inflacionário estivesse fora de controle. Evidentemente essa elevação súbita de um dos preços mais importantes da economia teria consequências do ponto de vista do comportamento dos índices de preço, mas era perfeitamente possível saber a extensão do estrago. Ele estava limitado a uma reconfiguração da estrutura de preços relativos, que, ao fim e ao cabo, não é de todo ruim para a economia brasileira – ao contrário –, visto que tende a reduzir os vazamentos e engrossar as injeções de demanda na economia doméstica. Não existia, por absoluta falta de oxigênio na economia, nenhuma possibilidade de essa reconfiguração de preços se transmutar num descontrole monetário e/ou desencadear mecanismos informais de indexação que ressuscitassem a inflação inercial. Na ausência do câmbio, a âncora do sistema de preços estava e está na taxa de salário[8].

A correção desse diagnóstico prova-se pela mera verificação da trajetória dos indicadores de preços entre o fim de 2002 e o primeiro semestre de 2003. Todos eles, independentemente da cesta de bens que lhes serve de base, descreveram o mesmo movimento: elevação a partir de agosto/setembro, atingindo pico em novembro, e queda acentuada a partir de dezembro/janeiro. O IPCA do IBGE, por exemplo, que chegou a apresentar um crescimento de 3,02% em novembro, caiu para 2,1% e 2,2% em dezembro e janeiro, respectivamente, reduzindo-se de modo sustentado a partir de então, para atingir 0,22% de crescimento em maio. O Índice Geral de Preços – disponibilidade interna (IGP d.i.), que assustara a todos com seus 4,21% de crescimento em outubro e 5,84% em novembro, já havia caído para 2,70% em dezembro, experimentando uma trajetória acentuadamente declinante a partir de então, a ponto de indicar uma deflação de 0,67% em maio. Ratificando essa interpretação, diz a economista Eulina Nunes[9], da equipe de índices de preços do IBGE, ao comentar a redução no ritmo de aceleração dos preços no início do ano: "A inflação não caiu por acaso. A inflação do ano passado foi eminentemente de custos, provocada pela alta do dólar"[10].

Portanto, também nesse caso soa implausível o discurso governamental de que o caráter drástico das políticas monetária e fiscal se

---

[8] O rendimento médio do trabalhador na região metropolitana de São Paulo em dezembro de 2002 foi 8,8% inferior ao valor de dezembro de 2001. Além disso, a renda do trabalhador da indústria, medida pela folha de pagamento, cai ininterruptamente desde janeiro de 2002. Em abril de 2003, esse valor foi, em termos reais, 7,5% menor do que o valor verificado em abril de 2002. Finalmente, os jornais têm mostrado que, quando se analisa o conteúdo dos acordos que vêm sendo feitos entre trabalhadores e empregadores, a inflação bate os salários em quase 50% deles.

[9] Citada por Chico Santos, "IBGE também diz que a inflação caiu em fevereiro", *Folha de S.Paulo*, 15/3/2003, *Dinheiro*, p. 4.

[10] Mesmo com todas essas indicações e com a intensa queda verificada, o chefe da missão do FMI no Brasil, Jorge Marquez-Ruarte, foi capaz de dizer, em abril, que o BC tinha de "agir de forma mais agressiva para controlar a inflação", dando a entender que era preciso elevar os juros e cortar ainda mais a liquidez da economia.

28 • Brasil *Delivery*

impôs como necessidade para "afastar o país do precipício", "estancar o processo de derretimento da economia" etc. Mas defender essa interpretação foi funcional para o governo em vários sentidos. Em primeiro lugar, permitiu demonstrar à opinião pública a "correção" e a "responsabilidade" da política adotada ("Viram como a elevação dos juros era necessária?", "Viram como eram necessários os cortes orçamentários?", "Está aí! Os índices inflacionários cederam!"). Em segundo lugar, permitiu também criar um espaço para a manutenção da taxa real de juros em um nível tão elevado quanto estava quando o país mudou de mãos. Com todo o fetiche criado em torno do nível da taxa básica de juros e com o argumento incansavelmente repetido de que ela só cairia quando a inflação cedesse, abriu-se um espaço para a redução nominal da taxa com a manutenção ou mesmo a elevação de seu nível real. Por exemplo, a reunião do Copom de 18 de junho cortou em meio ponto percentual a taxa Selic, mas, considerando que a expectativa inflacionária caiu da esfera dos 12% para alguma coisa abaixo de 8% em 2003, é evidente que a taxa real é agora (meados de junho) muito mais elevada do que no início do ano.

Mas se o perigo não vinha do *front* externo nem do descontrole monetário interno, que mais poderia ser alegado? Certamente o risco -país elevado, o dólar supervalorizado e o preço reduzido dos títulos brasileiros no exterior. Como vimos, porém, a redução do risco-país e a revalorização da moeda doméstica são antes perversas do que benéficas ao país. Elas podem aprofundar o verdadeiro precipício que é social e no qual o Brasil está metido há pelo menos uma década, preso que está nas armadilhas de um modelo no qual crescimento e emprego não são prioridade.

5. A sedução do discurso: a identificação espúria entre gestão responsável e política econômica liberal

Retomando um ponto já anteriormente discutido, a defesa desse modelo, que se mostra de validade universal por se apresentar como o único verdadeiramente científico, encobre na realidade interesses muito específicos que estão em linha com a primazia assumida pela valorização financeira diante da valorização produtiva desde o início dos anos 1980. Esse padrão de acumulação, do ponto de vista de seus resultados sociais, se é ruim para os países do centro do sistema, para países como o Brasil é simplesmente nefasto.

A defesa desses interesses, porém, vem sempre embalada na retórica do respeito no trato da coisa pública, da necessidade de transparência, austeridade e gestão fiscal responsável, bandeiras extremamente sedutoras para a esquerda, que sempre as defendeu por aqui em função da folha corrida de corrupção e desmandos que caracteriza a história de nossa direita no poder. Quem em sã consciência pode ser contra a transparência e a gestão responsável dos recursos públicos, ainda mais no Brasil? Mas, como os argumentos são vendidos em conjunto, lê-se facilmente, por exemplo, a crítica à política monetária por sua demasiada austeridade como uma defesa da irresponsabilidade na gestão do dinheiro público. Confunde-se deliberadamente o papel da União como ente da federação – que, enquanto tal, deve gerir de maneira responsável os recursos orçamentários de que dispõe – com o papel do governo federal – na qualidade de planejador, de autoridade monetária e produtor de moeda e liquidez, de gestor do crédito, de guardião de reservas, de sinalizador e promotor dos caminhos que a economia deve trilhar.

Graças a uma confusão de mesma natureza, associa-se também de forma imediata política econômica liberal à estabilidade monetária, como se a política econômica não ortodoxa fosse necessariamente *contra* a estabilidade – cúmplice, portanto, de medidas que, ao fim e ao cabo, levam o país à hiperinflação. Assim, qualquer governo que busque uma alternativa será irresponsável, visto que governo "responsável" é justamente aquele que evita essa rota, fazendo, para isso, "tudo o que for necessário"[11].

Mas essas confusões são, mais do que nunca, funcionais. O governo anterior não enfrentava grandes problemas nem entrava em contradição ao defender e praticar uma política econômica de corte liberal. Ele nunca pretendeu ser de esquerda nem se preocupou efetivamente com o dilaceramento do país, provocado pela desigualdade, que se aprofunda de modo inescapável com a adoção da política liberal. O presidente FHC chegou a dizer, numa longa entrevista ao caderno *Mais!*, da *Folha de S.Paulo*, em meados de 1996, que o modelo não era mesmo para os

---

[11] Contudo, mesmo considerando dessa forma estreita o conceito de responsabilidade, a atual política teria de ser reprovada, dada a irresponsabilidade flagrante, com tamanha necessidade de produzir superávits, configurada no ato de patrocinar, por meio de taxas de juros desnecessariamente elevadas, enormes transferências de recursos públicos aos setores da sociedade que menos carecem de renda.

30 • Brasil *Delivery*

excluídos e dissertou tranquilamente sobre qual seria o número deles (18, 26, 30 milhões?)[12]. Assim, ainda que se beneficiasse da identificação espúria entre gestão fiscal responsável e política econômica liberal, essa identificação não era de fato necessária ao governo tucano.

Mas num governo do Partido dos Trabalhadores, com as limitações que sua história lhe impõe, é tão patente a contradição gerada com a adoção dessa política que o embaralhamento se torna uma necessidade. Mais ainda, é preciso estendê-lo, prolongá-lo. As autoridades econômicas começaram por usar o jargão anterior e falar em responsabilidade fiscal; passaram depois a falar em responsabilidade macroeconômica; e agora, segundo determinação vinda do Palácio do Planalto, só se falará em "justiça social": fome zero, cortes orçamentários, focalização dos programas sociais, megassuperávits, reforma da Previdência, juro real elevado, valorização artificial da moeda doméstica, tudo em nome da "justiça social".

6. Política econômica no governo Lula: limites e alternativas

Evidentemente a manutenção dessa postura deve enfrentar limites tanto sociais quanto políticos. O inegável carisma do presidente concede-lhe um precioso espaço para continuar a defender esse modelo. Contudo, mesmo isso é limitado. Tendo em vista a promessa, tantas vezes defendida na campanha eleitoral, de criação de 10 milhões de empregos, passado um ano ou um ano e meio com o desemprego crescendo em vez de cair[13], a avaliação positiva do presidente Lula e do governo do PT por parte da população pode não resistir. A continuidade do fosso social, com o crescimento do número absoluto

---

[12] O então presidente FHC equivocou-se nos números. Já em 1995, segundo dados do PNUD, havia 38 milhões de brasileiros vivendo abaixo da linha de pobreza de US$ 1 per capita por dia e 70 milhões vivendo abaixo da linha de pobreza de US$ 2 per capita por dia. (O que não quer dizer, como lembrou recentemente o professor Francisco de Oliveira, que, logo acima da linha, viva-se no paraíso do consumo...)

[13] As consequências perversas da exacerbação desse modelo já se têm feito sentir nos indicadores de produto e emprego. O PIB no primeiro trimestre já apresenta uma queda de 0,1%, evidentemente comprometendo o crescimento previsto pelo próprio governo para 2003, que começou estimado em 2,2%, caiu para 2% e hoje está em 1,6%. Do ponto de vista do desemprego, os indicadores são os maiores desde 1994, tanto para o IBGE quanto para o Seade/Dieese.

de miseráveis[14] e a falta de perspectivas, aprofundará a violência nos grandes centros urbanos, por maiores que sejam os esforços envidados na área da segurança pública, e estimulará a indústria do narcotráfico, único "setor" que, para uma parcela substantiva da população, vem se mostrando "promissor" do ponto de vista do "emprego". Esse último elemento poderá fazer o governo cair em desgraça também com as chamadas classes médias. Não se pode esquecer que setores substantivos dessas classes serão diretamente afetados com a reforma da Previdência.

Os limites políticos dessa estratégia já são sentidos desde o início do governo. Por maiores que sejam as habilidades do ministro-chefe da Casa Civil e do presidente do Partido dos Trabalhadores, ficará cada vez mais difícil vender a interpretação de que a oposição aos projetos do governo dentro do PT e dos demais partidos de esquerda se restringe a um grupelho de três ou quatro "radicais". Dados os princípios e os valores que sempre pontuaram a vida do partido e a história vitoriosa de seu crescimento e afirmação, se o vento começar a soprar do lado contrário o governo poderá muito rapidamente ficar em minoria. Mesmo que isso não chegue a acontecer, a oposição vinda do interior do próprio partido tende a ficar cada vez maior e cada vez mais difícil de contornar.

É claro que esses limites sociais e políticos poderão não ser suficientes para deflagrar uma crise institucional. Uma vez que, na interpretação do professor Francisco de Oliveira[15], Lula venceu as eleições no vácuo social deixado pela desarrumação das classes promovida pelos oito anos de FHC, de modo que não se sabe mais quem comanda o quê nem quem representa o quê, fica, nessas circunstâncias, mais fácil para o presidente exercer seu talento natural de "falar diretamente às massas" e compensar com os setores menos organizados da sociedade o apoio que perder nos setores mais organizados.

---

[14] Mesmo que em termos relativos alguma pequena redução possa ser obtida com programas como o Fome Zero, o que tampouco é fácil, o número absoluto continuará a crescer, uma vez que o crescimento da população despeja a cada ano no mercado de trabalho centenas de milhares de brasileiros que não encontrarão onde empregar sua mão de obra em troca de uma renda monetária regular. Não disporão, por isso, de nenhuma forma "oficial" de acessar os bens e serviços que o paraíso do consumo apresenta todo dia na TV.

[15] "É preciso manter o estado de rebeldia" (entrevista concedida a Fernando Haddad e Leda Paulani), *Reportagem*, n. 41, fev. 2003.

32 • Brasil *Delivery*

Evidentemente não estão também afastados os riscos de uma crise *stricto sensu* econômica, antes o contrário. Como demonstramos, o modelo estabilidade/credibilidade é na realidade muito instável. Qualquer mudança de humor do mercado financeiro mundial com relação ao Brasil – variável, aliás, sobre a qual temos um poder de arbítrio muitíssimo limitado – pode desencadear um processo que, ao fim e ao cabo, leve de fato o país ao tão temido *default*. Desnecessário dizer que, nessas circunstâncias, em meio ao agravamento da questão social, a crise política será inevitável.

É bem verdade que, num caso como esse, o Grande Irmão do Norte poderá comparecer com sua ajuda. O atual presidente do Brasil, conforme cogitam alguns, está sendo guindado, com sintomático apoio norte-americano, à posição de "líder mundial" – um convite difícil de recusar –, e o Brasil, por conseguinte, sendo apresentado como uma espécie de vitrina das maravilhas da nova ordem mundial. Apesar do elevado preço a pagar, essa circunstância nos coloca numa situação muito diferente da que tem sido experimentada, por exemplo, pela Argentina nos últimos anos, tornando-nos, de certa forma, imunes a crises. Se a hipótese estiver correta, os constrangimentos enfrentados pelo governo Lula para efetivar as prometidas mudanças – que implicam alteração no modelo econômico – são muito maiores do que se pode imaginar à primeira vista.

Finalmente, é preciso frisar que, mesmo que tudo corra exatamente como previsto, ou seja, que não ocorram crises sociais, nem políticas, nem econômicas, e que tudo dê certo, o que teremos, ao fim da gestão Lula, mantido o atual modelo, será um crescimento medíocre, com muito boa sorte um pouquinho superior aos 2% ao ano obtidos na última gestão de FHC[16]. Se a "credibilidade" continuar a engordar a balança de capitais, auxiliada pela manutenção de uma das mais elevadas taxas reais de juro do mundo, a revalorização da moeda doméstica prosseguirá e desmontará o que necessitou de uma violenta crise (janeiro de 1999) e mais um ano e tanto para ser montado. Junto com isso, redução de direitos, asfixia do debate, império do

---

[16] A julgar pelo que deve ocorrer neste ano, para que essa média anual de 2% se efetive, o crescimento no período 2004-2006 terá de ser, no mínimo, de 2,7% ao ano.

discurso único – em uma palavra, um totalitarismo de mercado que ficou apenas nos sonhos de FHC.

Mas qual seria então a alternativa? Ela existe, afinal? Como esperamos ter demonstrado, a ideia de que não há alternativa só se sustenta se o objetivo maior for manter o país nos marcos do tipo de "credibilidade" que aqui se descreveu. Se outros forem os objetivos, outra deverá ser a política econômica, e ela existe. A pretensão original do Partido dos Trabalhadores era comandar um governo "democrático e popular". Hoje parece claro que temos de nos conformar com algo bem menos pretensioso. Mas, mesmo para um governo simplesmente reformista – o que não seria pouco, considerada a atual quadratura da história capitalista –, muitas mudanças seriam necessárias no que hoje se pratica. A começar, é evidente, pelo nível excessivamente elevado da taxa real de juros, o que é indicado de modo claro tanto pelo cupom cambial da BM&F quanto pelo mero somatório da inflação esperada com a taxa de juros norte-americana engordada pelo risco-país. E uma redução da taxa de juros não produziria apenas os inequívocos efeitos no nível de produção e emprego. Ela seria capaz também de estancar o processo de apreciação desmesurada do real. Do ponto de vista inflacionário, inclusive, e se é para se levar em conta as expectativas, melhor será a manutenção da subvalorização do que da sobrevalorização da moeda doméstica, já que a primeira aponta perspectivamente para a redução do valor em reais da moeda norte-americana.

Quanto à política cambial propriamente dita, além da evidente necessidade de o Banco Central atuar como regulador do mercado, impedindo bruscas oscilações, poder-se-ia pensar na taxação do capital de curto prazo ou no estabelecimento de algum tipo de carência, em suma, pensar em regular, minimamente que seja, o movimento desses capitais. E já que se trata de gestão responsável, a responsabilidade cambial é o melhor antídoto contra a tentação do populismo cambial. No mesmo sentido, atrelar a queda da relação dívida–PIB à sobre-valorização da moeda (em função da substantiva parcela da dívida cuja valorização está atrelada ao comportamento do câmbio) é trocar uma melhora ilusória agora por uma piora potenciada no futuro, quando então se combinará o déficit fiscal que esfola com o déficit externo que mata... Por uma questão de aritmética elementar, a queda sustentada dessa relação só será possível aumentando a velocidade de crescimento do denominador e reduzindo a do numerador. Como subproduto dessa queda, também reduzida seria a necessidade de superávits fiscais, abrindo-se espaço para atuação efetiva da política econômica no sentido da indução do crescimento do produto e do emprego.

É pequena a exigência, como se vê. Para falar nos termos que são do agrado das autoridades econômicas, nada de invencionices, de mágicas, de expedientes mirabolantes. Apenas reformismo. Mas não implicaria tudo isso uma mudança de rota, uma sinalização de que a acumulação capitalista em nosso país voltará a ser pautada pela produção e não mais pelo mero rentismo? Evidentemente! E, para operar essa mudança de rota, o governo do Partido dos Trabalhadores tinha, logo em seu início, um capital político inestimável, que talvez já tenha sido rifado. Hoje, para operá-la, serão necessárias, mais do que antes, coragem, vontade política e determinação. Mas não se diga que não há alternativa.

Persistir na atual política condenará o governo do PT ao mesmo destino do governo "socialista" de Felipe González na Espanha da década de 1980. Como afirma José Luís Fiori em artigo de advertência: "Hoje, a distância e o tempo já permitem um balanço mais fiel do que foi a era González. E não há dúvida de que sua gestão 'socialista' do capitalismo espanhol acabou ficando indiscernível da gestão conservadora e neoliberal do governo Thatcher"[17]. Assim, a continuar o que está aí, por maiores que sejam os contorcionismos retóricos das autoridades, não se poderá dizer outra coisa do governo Lula senão que vai ficando mais e mais parecido com um capítulo adicional da era FHC, o mais melancólico decerto.

---

[17] José Luis Fiori, "Mirem-se na Espanha", *Carta Capital*, 16/4/2003, p. 50-2.

O BRASIL COMO PLATAFORMA
DE VALORIZAÇÃO FINANCEIRA INTERNACIONAL
(um balanço da política econômica
do primeiro ano do governo Lula)

A vitória do Partido dos Trabalhadores (PT) nas eleições presidenciais de 2002 criou expectativas diferenciadas: tenebrosas para alguns, alvissareiras para a grande maioria. A ideia de que o povo começaria a transformar o Brasil numa nação tornou-se muito presente e parecia finalmente estar ao alcance da mão. Forjado nos duros anos de luta contra a ditadura militar que se iniciara em 1964, nascido de baixo para cima – dos movimentos operários do ABC paulista – e tendo uma liderança da qualidade de Luiz Inácio Lula da Silva, o PT parecia talhado para comandar a dura tarefa de retirar o Brasil de sua secular letargia e das disparidades e desigualdades sem par que ela patrocina.

Não foi dessa vez, porém. A esperada refundação da sociedade ficou para depois. Ancorados num diagnóstico catastrofista, de que o país estaria à beira do precipício econômico no período pós-eleições, em dezembro de 2002, os que tomaram posse em janeiro de 2003 encontraram aí o álibi para continuar e aprofundar a prática da política econômica que foi a tônica dos oito anos anteriores, sob Fernando Henrique Cardoso (FHC).

Hoje, maio de 2004, fica mais claro do que nunca que não se tratava, em absoluto, de "tática" – como apregoavam –, de tapar o nariz e fazer uma política amarga, odiosa, mas necessária para "salvar o país". Ao contrário, tratou-se de uma escolha deliberada, de manter o Brasil enredado na mesma armadilha externa, desde que isso não colocasse em risco o projeto de poder do PT. No que se segue, buscaremos recuperar de modo detalhado os argumentos que justificaram essa escolha, especular sobre qual é de fato a natureza do "modelo" escolhido e fazer um balanço de seus resultados.

36 • Brasil *Delivery*

1. A falácia do Brasil à beira do precipício[1]

Ante a surpresa daqueles que esperavam não uma política econômica aventureira, mas uma sinalização firme para mostrar que a intenção do novo governo era ir aos poucos retirando a economia brasileira da armadilha externa em que se enredara, as autoridades brasileiras recém-empossadas tinham sempre pronta, na ponta da língua, a explicação para seu inesperado comportamento: era preciso, antes de mais nada, tirar o país da beira do precipício. Foi isso que de início justificou a elevação das taxas básicas de juros (a Selic atingiu 26,5% ao ano), o brutal corte de liquidez por meio do aumento do compulsório dos bancos e a surpreendente elevação do superávit primário para além do exigido pelo FMI (4,25% contra 3,75% do PIB).

Em que se baseava o novo governo para afirmar tão sombria situação? No comportamento de três variáveis que foram, a partir de então, definitivamente entronadas no posto dos indicadores únicos e absolutos da "saúde" econômica do país: o preço do dólar norte-americano, a cotação do C-Bond (título brasileiro negociado nos mercados internacionais) e o risco-país. De fato, essas variáveis encontravam-se, ao fim de 2002, em níveis indesejados. O dólar chegou a atingir R$ 4 (fechou o ano em R$ 3,50), a cotação do C-Bond ficou abaixo dos 50% do valor de face e o risco Brasil alcançou os 2 mil pontos. Mas a que se devia tão adverso comportamento? Basicamente à especulação gerada com aquilo que se convencionou chamar "terrorismo eleitoral", orquestrado pelas elites e pelos interesses nacionais e internacionais em vista da possibilidade concreta de uma vitória de Lula. Não fosse o processo eleitoral, dificilmente esses indicadores teriam se comportado dessa forma.

O risco maior que influencia o comportamento dessas variáveis é a perspectiva de uma inadimplência externa (*default*), ou seja, de que, em determinado momento, o país não possua as divisas necessárias para honrar seus compromissos externos e/ou só consiga fazer isso reduzindo suas reservas a níveis muito arriscados. Qual era então a situação do país no que diz respeito a essa questão? Ora, em primeiro lugar, o comportamento da balança comercial em 2002 surpreendera o

---

[1] Esta seção e a seguinte reprisam, de modo resumido, argumentos do capítulo 1, "Brasil *Delivery*: razões, contradições e limites da política econômica nos seis primeiros meses do governo Lula".

O Brasil como plataforma de valorização financeira internacional • 37

próprio governo (de FHC), ultrapassando em mais de 50% o valor esperado para seu superávit. Mais ainda, a tendência era de uma performance futura ainda melhor, visto que o ajuste do câmbio a partir de janeiro de 1999 parecia estar finalmente colocando as contas do comércio exterior na direção certa[2].

Além disso, a análise da performance das reservas, a variável concreta que deve de fato ser averiguada para se avaliar a questão da solvência externa, mostra um resultado surpreendente: diferentemente do período entre setembro de 1998 e janeiro de 1999, em que foram drenados para fora do país mais de US$ 40 bilhões, o estoque de divisas de posse do governo central manteve, ao longo de 2002, um comportamento absolutamente estável[3].

Não que não existissem problemas pelo lado das contas externas. Existiam e continuam a existir. Mas são de natureza estrutural (aumento da dependência de importados, elevação do passivo externo líquido por conta da internacionalização do capital produtivo com consequente elevação permanente das despesas em dólar etc.), longe, portanto, do agravamento conjuntural que serviu de argumento ao novo governo. E, mesmo que esse agravamento conjuntural viesse a ocorrer, o acordo com o FMI, com todo o seu pesado custo para a sociedade, já estava fechado (fora assinado em agosto), permitindo que qualquer tempestade inesperada fosse enfrentada.

A outra razão amiúde levantada pelas autoridades para justificar a condução que de início deram à política econômica era o risco – para eles iminente – de um descontrole monetário. Nessas circunstâncias, alegava-se, deviam ser tomadas as medidas necessárias, fossem elas

---

[2] Especificamente com relação a essa questão, aliás, a desmesurada desvalorização do real jogava a favor, visto que, do ponto de vista do comércio exterior, há um *lag* (de três a seis meses) entre a oscilação súbita do preço da divisa e os resultados que dela se podem colher.

[3] Elas começam o ano em US$ 36 bilhões (a média de 2001 foi US$ 36,3 bilhões), oscilam para US$ 33 bilhões em abril e maio, alcançam a faixa dos US$ 40 bilhões em junho e julho, ficam na esfera dos US$ 38 bilhões em agosto e setembro e de US$ 36 bilhões no bimestre seguinte, fechando o ano em US$ 37,8 bilhões. Os números falam por si: não tinha havido nem estava havendo nenhuma sangria desatada, nada que pudesse se assemelhar a um ataque especulativo contra o real resultante do brutal enfraquecimento da posição externa do país (como ocorrera entre setembro de 1998 e janeiro de 1999).

quais fossem, para reduzir o ímpeto desse processo. Proceder de outra forma seria como assinar logo de cara um atestado de incompetência e comprometer a viabilidade da gestão que se iniciava. Justificava-se por aí a manutenção da elevada taxa real de juros e o estrangulamento da liquidez da economia (o aumento do compulsório dos bancos, em fevereiro, retirou da economia, de uma hora para a outra, cerca de 10% de seus meios de pagamento).

Mas qual era a principal razão desse comportamento adverso dos índices de preços? O principal problema era a própria desvalorização do real a partir de julho de 2002, provocada pelo tumulto eleitoral. Com a defasagem que sempre existe nesses casos, os índices de preços começaram a demonstrar o impacto do choque a partir de outubro/novembro. Mas a assincronia existente no processo de reajuste de preços e o peso que neles têm as tarifas públicas e os chamados preços administrados (combustível, gás etc.) tornavam impossível que todo ele fosse absorvido de uma só vez. Assim, com ou sem política monetária contracionista, os índices de preços continuariam a subir até que todo o choque tivesse sido incorporado, passando a declinar a partir daí, empurrados também pelo declínio do câmbio (que foi exatamente a trajetória por eles descrita). Nenhum descontrole inflacionário à vista, portanto. E como ele poderia existir com a economia andando de lado, praticamente estagnada há tanto tempo? Tampouco existiam – como continuam a não existir – na economia brasileira mecanismos capazes de começar por aí a girar a roda da inflação inercial, como sugeriu inadvertidamente o presidente do Banco Central, Henrique Meirelles, em agosto de 2003.

Portanto, a tese do precipício ainda está por ser demonstrada. Os dados existentes sobre reservas e um mínimo de conhecimento sobre a formação e o comportamento dos índices de preços não nos autorizam a confirmar sua verdade. O governo alega também que tinham sido cortadas as linhas de crédito para o país e que era preciso recuperá-las rapidamente. Mas, até hoje, não mostrou quais foram esses financiamentos e em quanto foram cortados.

2. A falácia do estágio de curto prazo na ortodoxia

Fizemos o retrospecto desses elementos porque a justificativa governamental para tamanho grau de ortodoxia passou sempre pela afirmação da necessária recuperação da "credibilidade". Seria preciso recuperá-la para não comprometer as contas externas, pois o ajuste efetivo do balanço de pagamentos do país ainda estava em curso. O sinal da recuperação dessa credibilidade era justamente a queda do risco-país, a elevação do preço do C-Bond e a apreciação da moeda doméstica. Para conseguir isso era preciso reduzir drasticamente os índices de inflação e fazer uma sólida profissão de fé nos remédios da contração da liquidez e da restrição monetária e fiscal. Em poucas palavras, era preciso "beijar a cruz" da ortodoxia econômica[4], e ela foi beijada com devoção.

Mas esse discurso, de que o novo governo usou e abusou ante o enorme espanto gerado pelas medidas com que iniciava sua gestão da economia, tinha um lado dúbio, pois sugeria que, uma vez recuperada a "credibilidade", uma vez feita a dolorosa travessia, chegaria finalmente a hora de colocar a retomada do desenvolvimento como o objetivo prioritário da política econômica. O estágio na política ortodoxa era, sugeria-se, de curto prazo, necessário para viabilizar a transição sem traumas.

Quem conhecia, porém, a forma de funcionamento do modelo econômico abraçado pelo governo do PT sabia que tal suposição era mais uma falácia. A "lógica da credibilidade" simplesmente não permite tal mudança de rumo. Esse tipo de credibilidade só se mantém se permanecerem inalteráveis na política econômica o ajuste fiscal implacável, o juro real elevado, a política monetária contracionista etc. Depois que se entra nesse jogo, qualquer movimentação no sentido contrário leva de roldão a "conquista" tão duramente obtida e, junto com ela, as supostas condições de "estabilidade" necessárias para o crescimento. Poder-se-ia então supor que o núcleo duro do novo governo não se deu conta dessa impossibilidade e julgou que seria capaz de fazer inicialmente o "jogo do adversário" para obter, a partir daí, as condições necessárias para implementar sua própria política econômica, aquela que recuperaria o crescimento e geraria os 10 milhões de empregos prometidos pelo candidato Lula ao longo do processo eleitoral.

Mas mesmo essa hipótese parece hoje difícil de ser considerada. Depois de ouvirmos o secretário de Política Econômica do Ministério da Fazenda dizer que é preciso erguer uma estátua a Pedro Malan

---

[4] A expressão é de Paulo Arantes, em artigo sobre os primeiros meses do governo Lula (cf. "Beijando a cruz", *Reportagem*, n. 44, maio 2003).

(ministro da Fazenda ao longo dos oito anos de governo de FHC), depois de assistir ao ministro da Fazenda, respondendo às acusações de continuísmo, dizer, na presença de FHC, que "sendo igual, mas correta, ele continuaria a praticar a mesma política econômica por mais dez anos", fica difícil imaginar que o continuísmo foi obra de algum movimento tático. A única hipótese que sobra é que houve uma escolha deliberada por esse tipo de modelo, com plena e total consciência dos responsáveis por ela. Mesmo calçados em 55 milhões de votos e montados num capital político inédito na história do país, os novos donos do poder não quiseram arriscar um milímetro e se decidiram pela linha de menor resistência. Escolheram o caminho "mais seguro", que não afrontava interesses constituídos, internos e externos, que impunha de vez o rentismo como marca de nossa economia, que consagrava para o Estado o papel paternalista e "focado" de "cuidar dos pobres", que não questionava as disparidades regionais e pessoais de renda e riqueza, que não ameaçava sequer arranhar a iníqua estrutura patrimonial do país, que o mantinha, enfim, submisso aos imperativos da acumulação financeira que domina a cena mundial do capitalismo desde meados dos anos 1970.

3. A verdade do modelo escolhido

Em meados de 1996, Gustavo Franco, então diretor da área externa do Banco Central (e, pouco depois, seu presidente), escreveu um artigo, que circulou muito entre os economistas, denominado "Inserção externa e desenvolvimento", sobre o qual o presidente FHC disse tratar-se da "revolução copernicana na economia". Embalada no idolatrado invólucro da formalização, não passava de uma apologia das prescrições do Consenso de Washington, que o governo de Fernando Henrique já estava utilizando no país, quais sejam: redução do tamanho do Estado (privatização), abertura comercial, políticas monetária e fiscal rígidas, taxas reais de juros elevadas. Alegava Gustavo Franco que, misturando bem tudo isso, depois de certo tempo o país estaria preparado para pegar o bonde da história. O choque de concorrência implementado pela abertura promoveria um processo de reestruturação produtiva que nos faria ganhar um lugar no admirável mundo novo globalizado e garantiria as condições para o crescimento com estabilidade. O Estado mínimo e as políticas fiscais e monetárias "sólidas" com juros reais elevados, além de constituírem antídotos naturais con-

O Brasil como plataforma de valorização financeira internacional • 41

tra a inflação, assegurariam a credibilidade dos investidores externos e resolveriam os problemas do balanço de pagamentos. Para completar a receita, a reestruturação produtiva faria elevar os salários graças ao aumento na produtividade, constituindo assim instrumento inestimável para a redução das desigualdades distributivas.

Uma década depois de aplicadas, essas medidas geraram estagnação econômica, desemprego recorde, enorme aumento da vulnerabilidade externa, o retorno do país à posição de economia primário-exportadora e a permanência do mesmo padrão distributivo, com inevitável crescimento da pobreza absoluta, da violência e da barbárie nos grandes centros urbanos do país. Pouco tempo antes do surgimento do texto de Gustavo Franco, a diretoria por ele comandada no Banco Central tratava de tomar as medidas necessárias para garantir a inserção que de fato importava: a admissão do Brasil no circuito internacional de valorização financeira. A renegociação da dívida externa, bem como sua securitização, e a criação dos títulos da dívida brasileira cotados em mercados internacionais já tinham se encarregado de parte das tarefas. Simultaneamente, a mesma diretoria se encarregava, na surdina, de outra parte, também fundamental: a desregulamentação do mercado financeiro.

Utilizando um expediente criado por uma lei de 1962 – as chamadas contas CC5, contas exclusivas para não residentes, que permitem a livre disposição de recursos em divisas –, o Banco Central promoveu a abertura financeira do país. Operaram-se duas grandes mudanças. Em primeiro lugar, alargou-se o conceito de "não residente", incluindo-se aí não apenas as pessoas físicas ou jurídicas que estivessem em trânsito pelo país, mas também as contas livres de instituições financeiras do exterior (instituições financeiras estrangeiras não autorizadas a funcionar no país)[5]. Além disso, as CC5 passaram a poder remeter livremente para o exterior não apenas os saldos em moeda doméstica resultantes da conversão da moeda estrangeira com a qual os não residentes tives-

---

[5] Na realidade, essa primeira mudança foi implementada já em 1992, na gestão de Francisco Gros como presidente do Banco Central e Armínio Fraga como diretor da área externa, mas o mercado permaneceu incrédulo até que, em novembro de 1993, já na gestão de Gustavo Franco na área externa do Banco Central, foi publicada uma "cartilha" que escancarou para os agentes aquilo que eles estavam vendo sem acreditar. Não por acaso, tal cartilha ficou conhecida no mercado como "Cartilha da sacanagem cambial".

42 • Brasil *Delivery*

sem entrado no país, mas todos e quaisquer saldos. Abriu-se com isso a possibilidade de qualquer agente, independentemente de ser ou não residente, enviar sem restrições recursos ao exterior, bastando, para tanto, depositar moeda doméstica na conta de uma instituição financeira não residente[6].

Essas mudanças produziram a forma e a substância da inserção do Brasil nas finanças de mercado internacionalizadas. Os títulos da dívida brasileira lançados e cotados no exterior confirmaram o país no papel de emissor de capital fictício, que viabiliza a valorização financeira e garante *a posteriori* a transferência de parcelas da renda real e do capital real para a esfera financeira. A liberalização financeira vem garantir o livre trânsito dos capitais internacionais, que podem assim maximizar o aproveitamento das políticas monetárias restritivas e de juros reais elevados. Sem o destravamento do mercado, por exemplo, os mais de US$ 40 bilhões que saíram do país entre setembro de 1998 e janeiro de 1999, atemorizados com a iminente desvalorização do real, não teriam podido fazê-lo e teriam amargado duras perdas. Mas o traje desse novo papel do país não estava completo. Por mais que tenha tentado, FHC não conseguiu implementar, na questão previdenciária, todas as mudanças para que sua conformação se adaptasse ao novo figurino.

A reforma da Previdência foi justamente o primeiro projeto de fôlego em que se empenhou o governo Lula. Logo nos primeiros meses de gestão, o novo governo manda ao Congresso um projeto de lei que propõe várias alterações nessa área, mas que afeta fundamentalmente o funcionalismo público, já que, no setor privado, a reforma fora implanta-

---

[6] As procuradoras da República Valquíria Nunes e Raquel Branquinho encaminharam à Justiça Federal, em dezembro de 2003, uma peça de acusação em que pedem a condenação, por crime de improbidade administrativa, de quinze executivos ligados ao Banco Central e ao Banco do Brasil. Elas argumentam que essa transformação das CC5 foi feita de modo irregular, pois uma lei federal não pode ser regulamentada por um órgão de hierarquia constitucional inferior. Em outras palavras, o Congresso teria de ser ouvido sobre isso, e não foi. A mudança foi feita singelamente, mediante uma "carta circular" do Banco Central. Uma carta circular é um documento que tem o papel exclusivo e restrito de "esclarecer" normas e regulamentos editados pelo Conselho Monetário Nacional. (Veja-se, a esse respeito, a excelente matéria de Raimundo Rodrigues Pereira, "Uma manipulação extraordinária", publicada na revista *Reportagem*, n. 53, fev. 2004.)

O Brasil como plataforma de valorização financeira internacional • 43

da pelo governo anterior. Seu sentido básico foi alterar o funcionamento do sistema previdenciário dessa faixa de trabalhadores. Pretextando déficits insustentáveis e que se agravariam com o tempo, o governo propôs mudanças no sistema de previdência do funcionalismo que, concretamente, implicam a transição para um regime de "capitalização", em substituição ao regime de "repartição simples" até então vigente. A exemplo do que FHC fizera com a previdência dos trabalhadores do setor privado da economia, o principal instrumento proposto para operar essa mudança foi a imposição de tetos para os benefícios, tetos que obrigarão os servidores a participar de fundos complementares de previdência. Mas, diferentemente de FHC, que não ousou dispensar as "regras de transição", a proposta original do governo do PT foi ao parlamento sem elas, cabendo aos congressistas a introdução das mudanças que tornaram "menos radical" a reforma proposta[7].

Assim, tendo o Fome Zero como a principal estratégia de marketing, mas sem conferir efetivamente a essa meta grande importância nem lhe proporcionar recursos substantivos[8], o governo esforçou-se mesmo, logo de início, foi para completar as mudanças iniciadas por FHC na área previdenciária. Que o governo tenha começado por aí, que tenha empenhado todo o seu peso político e seus cargos na aprovação de tal reforma, pode ser tudo, menos uma casualidade. Na verdade, esse início é sinal inequívoco do caminho escolhido pelo novo governo e da doutrina por ele abraçada, tornando ainda mais plausível a hipótese de que houve uma escolha consciente, e não uma situação inescapável que teria empurrado o governo Lula a confirmar e aprofundar o mesmo modelo.

Ao completar a transformação idealizada por FHC, mataram-se vários coelhos de uma só cajadada. Em primeiro lugar, criou-se finalmente o grande mercado de previdência complementar, que havia mais de duas décadas vinha despertando a cobiça do setor financeiro privado nacional e internacional. Cabe ressaltar que, nesse sentido, a viabilização

---

[7] Mais uma ousadia (à direita, sempre) do novo governo foi a imposição de contribuição aos inativos – a qual FHC tentara inúmeras vezes sem conseguir. Não custa lembrar que o fator básico do insucesso de FHC em todas essas tentativas foi a oposição feroz feita justamente pelo Partido dos Trabalhadores.

[8] Não por acaso, o Fome Zero tem muito mais a feição filantrópica de um programa de caridade do que propriamente a feição de uma política de Estado.

44 • Brasil *Delivery*

da reforma no setor público representa a abertura de perspectivas de acumulação que não estão presentes quando se considera o mercado previdenciário oriundo do setor privado da economia. Apesar de substantivamente maior do que o número de trabalhadores do setor público, o mercado constituído pelos empregados do setor privado possui renda média menor e enfrenta a ameaça do desemprego. A abertura desse novo e suculento espaço de valorização foi, portanto, o primeiro dos grandes tentos (à direita, sempre) marcados pelo novo governo com a aprovação da reforma. Além disso, com a elevação das contribuições, da idade e do tempo de trabalho para a obtenção do benefício, bem como com a taxação dos inativos, o governo contou pontos também no intocável objetivo do "ajuste fiscal". Pôde, ainda, por meio de um bem pensado programa de defesa publicitária dessa iniciativa, colocar os funcionários públicos como os grandes vilões do descalabro social do país[9] e vender a ideia de que o intuito da reforma era simplesmente o de fazer "justiça social". E, *last but not least*, um sistema previdenciário com predomínio do regime de repartição e sob o monopólio do Estado era algo que não combinava em nada com um país que buscava, desde o início da década de 1990, afirmar-se como um das plataformas mundiais da valorização financeira. A reforma patrocinada pelo PT veio contribuir de forma decisiva para o alcance desse objetivo.

Ocorre que o regime de capitalização é por definição "rentista" (interessam-lhe juros reais elevados e ativos fixos, de preferência papéis públicos, já que seus gestores têm de "garantir", no longo prazo, o retorno individual das contribuições nos valores contratados), enquanto o regime de repartição é "produtivista" (interessam-lhe emprego, renda e capital produtivo, visto que quem trabalha "paga" a renda de quem não trabalha). Sendo assim, essa transformação, além de, em muitos casos, ter violado direitos adquiridos, gerou mais um importante elemento para tornar mais profundas as crises experimentadas pelo país[10]. Mas isso certamente passou por detalhe na cúpula governamental, diante da "modernização" institucional do capitalismo brasileiro trazida pela

---

[9] Recuperando, sintomaticamente, uma das bandeiras de campanha de Fernando Collor.

[10] Pior do que pró-cíclico, o regime de capitalização é neutro quando a maré é favorável, mas joga completamente contra quando os ventos empurram a economia ladeira abaixo. E isso é tanto mais verdadeiro quanto maior for o peso dos ativos carregados pelos fundos de pensão.

reforma, além dos inegáveis "ganhos de credibilidade" que ela angariou[11].
Não é demais lembrar que, em troca de seu apoio e do financiamento a projetos sociais, o Banco Mundial "sugeriu" ao novo governo, ainda antes de sua posse, que ele justamente concluísse a reforma previdenciária (além de realizar a reforma tributária e a universitária).

Concluída, portanto, essa etapa, fica quase pronto o país para integrar, trajado a rigor, o circuito internacional da valorização financeira. Mais alguns detalhes, como a aprovação da nova Lei de Falências e a autonomia do Banco Central, expedientes vistos como necessários para garantir a "renda mínima do capital"[12], e nada mais faltará. E esse momento glorioso não tardará a chegar, visto que o governo Lula já tomou todas as providências para que mais essas reformas modernizantes sejam implementadas o quanto antes. A *toilette* estará então completa. A autonomia do Banco Central faz ver aos "mercados", de uma vez por todas, que o Estado brasileiro não abrirá mão de seu papel de permanentemente retirar, pela via dos tributos, parcelas da renda real da sociedade a fim de transferi-las para a esfera da valorização financeira[13], assegurando o rendimento do capital fictício (títulos) que produz[14]. Ao mesmo tempo, esse Estado transforma a moeda do país em objeto de tráfico e de agenciamento, sujeitando-a a operações de arbitragem que farão seu valor flutuar ao sabor dos interesses e das aplicações de cada momento. Ora como objeto de especulação, ora

---

[11] Uma das consequências benéficas muitas vezes aventada para a instauração de regimes de capitalização é que eles, em geral, forçam uma elevação da "taxa de poupança" da economia, o que seria um efeito salutar, particularmente em economias como as nossas, que, segundo o discurso convencional, são "carentes de poupança". Organizadas dessa forma, porém, as finanças não se prestam nem mesmo para a conformação do círculo virtuoso defendido pelo *mainstream* econômico (poupança-investimento-renda), visto que a poupança financeira substantiva que a sociedade acaba por gerar não se objetiva em investimentos capazes de garantir no futuro um fluxo aumentado de bens e serviços. Ao contrário, ela torna-se um elemento adicional a pressionar a economia para a geração de renda sem a intermediação da produção material.

[12] A expressão, felicíssima, é de João Sayad (cf. "Taxa de juros", *Folha de S.Paulo*, 24/4/2000).

[13] Ver sobre essa questão François Chesnais, "Introdução geral", em *A mundialização financeira: gênese, custos e riscos* (São Paulo, Xamã, 1998).

[14] Poder-se-ia argumentar que o efeito riqueza produzido pela garantia de renda real que a maquinaria financeira gera teria o papel de incentivar o consumo e o inves-

46 • Brasil *Delivery*

como pretexto para a manutenção de desmesuradas taxas reais de juros, a moeda doméstica põe-se sempre como um caminho promissor para a obtenção de excepcionais ganhos em moeda forte. A abertura financeira garante a efetividade desses ganhos, concedendo a seus ativos de origem a liberdade necessária para maximizar, em dólar, sua estada no país. Os fundos de pensão (que serão agora ainda mais numerosos e volumosos) funcionam como braço auxiliar da dívida pública, no papel de retirar da esfera da acumulação produtiva parcelas substantivas de renda real que poderiam, de outro modo, transformar-se em capital produtivo. Farão assim, indiretamente, pela via voluntária das contribuições previdenciárias, aquilo que o Estado faz diretamente pela via impositiva dos tributos.

O governo do maior partido de esquerda (!?) do mundo, no maior país da América Latina, terá então prestado aos interesses do capital rentista e a seu ideário um serviço inestimável. Terá demonstrado de modo irretorquível a tese de que não há outra alternativa, de que não há outro caminho, pois que ninguém duvida das intenções progressistas do Partido dos Trabalhadores e de seu mais importante líder. Estará ao mesmo tempo desempenhando papel de inegável importância na consolidação do sistema monetário internacional vigente, no qual uma moeda puramente fiduciária funciona como "lastro" da arquitetura financeira mundial. A manutenção desse sistema, porém, é precisamente o que mantém a dominância financeira da valorização[15], pois que o emissor do lastro internacional, ao expandir livremente sua moeda, gera uma pletora de capitais que se defendem, por meio da valorização financei-

---

timento, devolvendo à esfera da acumulação produtiva com uma mão o que retira dela com a outra. Ainda que isso possa eventualmente ser verdadeiro no caso do consumo, no caso do investimento é uma esperança vã, já que, continuando sob os imperativos do gasto público minguado e do juro real desmesurado, as expectativas derivadas de aplicações produtivas permanecerão deprimidas.

[15] "Dominância financeira da valorização" afigura-se um termo mais adequado do que "dominância da valorização financeira", pois enquanto o último refere-se a momentos ou fases na história do capitalismo em que a valorização rentista se exacerba e se sobrepõe à valorização produtiva de um modo insustentável no longo prazo, o primeiro diz respeito à etapa corrente do capitalismo, na qual a importância e a dimensão dos capitais e da valorização financeira, combinados à peculiar forma assumida pelo sistema monetário internacional, fazem que a lógica da valorização financeira contamine também a esfera produtiva, gerando um novo modo de regulação adequado ao regime de acumulação financeira. As mudanças operadas

O Brasil como plataforma de valorização financeira internacional • 47

ra, de crises clássicas que poderiam reduzi-los a pó. Se, por um lado, o papel dos Estados nacionais e dos fundos mútuos e de pensão como instrumentos de extração de renda real para a alimentação do capital financeiro cigano minora a dimensão fictícia desses capitais, por outro vai acirrando as contradições inerentes a um sistema que vê diminuir o capital produtivo (que gera renda real) enquanto engorda o capital financeiro (que extrai renda real do sistema e incha ficticiamente nos mercados secundários, exigindo ainda mais renda).

É esse enfim o modelo adotado por Lula e pelo governo do Partido dos Trabalhadores para promover o desenvolvimento do Brasil. A retórica convencional continua garantindo que é a persistência na política da austeridade fiscal com contração monetária o único caminho seguro, certo e "científico" para se alcançar o "crescimento com estabilidade". Com esse tamanho de dívida, alegam, o país precisa "economizar" para reduzir seu peso com relação ao PIB e ter permissão para voltar a crescer. Nunca se lembram de dizer que o crescimento da dívida, que a fez ganhar a dimensão atual, não foi resultado de nenhuma "irresponsável" gastança governamental, mas da própria receita ortodoxa que prescreveu juros elevados para sustentar a apreciação cambial que vigorou de 1995 a 1999. Nunca se lembram também de dizer que o pagamento desses juros tão polpudos é o grande responsável pelos déficits nominais que fazem crescer cada vez mais a própria dívida pública, mesmo com os serviços públicos esfolados e com o desemprego em níveis insuportáveis.

Finalmente, esquecem ainda de dizer que a dívida não é para deixar de existir, não é uma anomalia, um pecado que o país tem de purgar para ganhar a recompensa do crescimento. Ao contrário, ela faz parte, como sempre fez, do capitalismo. Ela deriva das relações entre Estado

---

pelo toyotismo vão nessa direção. A chamada "flexibilização do trabalho", por exemplo, permite, entre outros: utilizar mais intensamente o valor de uso da força de trabalho; repartir com o trabalho os riscos do capital, flexibilizando o próprio capital; em conjunto com a customização da produção, reduzir ao mínimo o custo de carregamento de estoques de matérias-primas e bens intermediários (que se torna um desperdício imperdoável num contexto de taxas de juros reais positivas e elevadas). Todas essas mudanças têm que ver com o contexto no qual hoje deve se dar a valorização produtiva, qual seja: o contexto rentista e curto-prazista da valorização financeira. Ver a esse respeito Andrés V. Frontana, *O capitalismo no fim do século XX* (Tese de Doutorado em Economia, Universidade de São Paulo, Instituto de Pesquisas Econômicas, 2000).

48 • Brasil *Delivery*

e acumulação privada, entre poder e dinheiro, e se, noutros tempos, serviu como braço auxiliar para a garantia do "salário social", chegando a desfetichizar a mercadoria força de trabalho e criando o espaço do antivalor[16], hoje ela afirma o espaço do valor e do capital, impedindo a queima de capital excedente e assegurando-lhe uma renda mínima.

A última observação torna ainda maior a responsabilidade do governo Lula por patrocinar a continuidade do desastre brasileiro, que já dura mais de duas décadas. Ao contrário do que pode parecer à primeira vista, o "conflito" entre capital produtivo e capital financeiro só aparece com vigor no plano agregado, no qual fica evidente a irracionalidade de assentar o crescimento econômico na extração de renda real, mais do que em sua geração. No plano dos capitais individuais, porém, particularmente quando se trata do grande capital internacionalizado que opera na arena mundial, combinar ganhos rentistas com ganhos produtivos é próprio da lógica de seu funcionamento, que é míope e não enxerga nenhum outro objetivo que não seja a expansão ampliada de seu ganho monetário. Logo, se o momento é de juro real elevado patrocinado pelos Estados nacionais da periferia do capitalismo, ajusta-se o funcionamento da produção a essa circunstância, de modo que se maximize monetariamente a combinação entre ganho produtivo e ganho financeiro. Assim, mais do que um problema efetivo enfrentado por seus negócios, as críticas em uníssono que os empresários ligados ao grande capital entoam contra os juros elevados fazem parte do jogo de cena de quem tem a obrigação política de se dizer preocupado com os milhões de desempregados. As relações que ligam o grande capital produtivo e financeiro, de um lado, e o Estado na posição de emissor de capital fictício, de outro, mostram, no entanto, que esse incômodo não existe, a não ser para os microempresários, os donos de botequins e os proprietários de fabriquetas de fundo de quintal, condenados à "economia de mercado" e à geração de renda real[17]. Em outras palavras, as lógicas produtiva e fictício-financeira é que são, no agregado, conflituosas, não os capitais que delas se beneficiam.

---

[16] Tomo de empréstimo a tese bastante conhecida de Chico de Oliveira. Veja a esse respeito *Os direitos do antivalor* (Petrópolis, Vozes, 1998, Coleção Zero à Esquerda).

[17] A lembrança – muito a propósito e inspirada em Fernand Braudel – do caráter de ficção do conflito entre capital produtivo e capital financeiro-especulativo é de José

Ora, tudo isso indica que se trata mais do que nunca de uma escolha do Estado a direção a ser seguida por essa "sociedade natural" que ele tem com o capital. Ele pode jogar do lado da afirmação do rentismo, que é perverso do ponto de vista social, mas absolutamente familiar e benéfico do ponto de vista da acumulação privada, ou pode afrontar essa lógica e utilizar seu poder, não para extrair renda real da sociedade e engordar financeiramente os capitais, mas para obrigá-los à acumulação produtiva e à expansão da renda real. A insistência do *establishment* econômico do governo no caminho da austeridade, defendido como receita certa e segura para o "crescimento" – leia-se, crescimento da produção e, portanto, do emprego e da renda real –, expressa, ao contrário, a necessidade do Estado de assegurar ao capital, via pagamento de juros reais positivos, o "lastro *a posteriori*" dos ativos fictícios que emite[18]. O governo do PT, sem coragem de afrontar os interesses constituídos, sem nenhuma disposição para arriscar uma mudança na postura do Estado que o tornasse capaz de enfrentar os problemas experimentados pelo país, escolheu a reafirmação da lógica perversa que já estava em curso e a entrega total do Brasil às exigências da acumulação privada. Feita a escolha, vejamos que resultados ele obteve em seu primeiro ano de gestão.

4. A verdade dos resultados

A partir do início de 2004, findo o primeiro ano do governo Lula, estatísticas fechando, os jornais começam a estampar as manchetes[19]:

"Brasileiro compra menos alimentos em 2003";
"Consumo doméstico, que crescia há dez anos, fica estagnado em 2003";

Luís Fiori ("Para Fiori, 'revolta social' será crescente", entrevista concedida a Claudia Antunes, *Folha de S.Paulo*, 9/5/2004).

[18] Cumpre acrescentar que, no contexto atual de um sistema monetário internacional fiduciário, a securitização das dívidas públicas dos países emergentes e os juros positivos que elas pagam, bem como os ganhos de arbitragem que o câmbio flutuante proporciona graças à diferença de força entre as diversas moedas domésticas, são acessórios imprescindíveis para garantir o rendimento do capital financeiro quando o país hegemônico, por suas próprias razões, não está disposto a fornecer essa garantia.

[19] Todas as manchetes aqui reproduzidas são da *Folha de S.Paulo*, um dos maiores jornais do país, e foram publicadas entre janeiro e maio de 2004.

50 • Brasil *Delivery*

"Com Lula, renda cai e desemprego cresce";
"Indústria tem o pior desempenho desde 1999";
"Total de subocupados cresce 42,5% em 2003";
"Economia encolhe no primeiro ano de Lula";
"PIB tem a primeira queda desde 92";
"Consumo de famílias tem queda recorde";
"Investimento sobe em ritmo de conta-gotas";
"Gasto social não aumenta com Lula";
"Desemprego em São Paulo volta a nível recorde";
"Região Metropolitana de São Paulo tem 2 milhões de desempregados".

Por outro lado:

"Aperto fiscal supera meta com o FMI";
"Gasto com juros é recorde";
"Brasil é o 4º colocado em gasto com juros";
"Brasil tem juros mais altos entre os emergentes";
"Carga tributária aumenta na gestão Lula";
"Lula faz maior aperto fiscal da história";
"País investe pouco e tem aperto fiscal recorde".

Apesar disso:

"País ainda é vulnerável, diz FMI";
"Investimento externo direto é o menor desde 1995";
"Superávit não paga nem metade dos encargos da dívida do país";
"Risco-país volta a ficar acima de 500 pontos";
"Standard & Poor's vê vulnerabilidade no Brasil";
"Brasil sofre com temor de juros maior nos Estados Unidos";
"JP Morgan rebaixa Brasil e risco-país sobe";
"Risco-Brasil tem a maior alta em 17 meses";
"Economia brasileira segue frágil, diz BID".

Em compensação:

"Instituições financeiras obtêm resultado 6,7% maior em 2003";
"Sete maiores bancos lucram R$ 13,4 bilhões";
"Tarifas bancárias sobem mais que inflação";
"*Spread* brasileiro é o maior do mundo";

"Investidor ganhou com ortodoxia do PT";
"Tesouro cede, resgata títulos e ajuda fundos".

Portanto:

"Palocci anuncia que ajuste fiscal vai continuar neste e nos próximos anos";
"Política monetária não muda, diz Palocci";
"Presidente do BC descarta mudança de rumo";
"Juro atual não barra expansão, diz BC";
"Política econômica não mudará, diz Lula".

Não é à toa, então, que, em apenas um ano de governo Lula, já se cogitem outras formas de luta e mobilização da esquerda: novo partido (que alguns querem apenas parlamentarista), federação de movimentos sociais, organização do contrapoder popular, difusão de núcleos de reflexão e ação socialista etc.

SEM ESPERANÇA DE SER PAÍS
o governo Lula, dezoito meses depois

A ascensão do Partido dos Trabalhadores ao governo federal com a vitória de Lula nas eleições presidenciais de 2002 reacendeu as esperanças de uma refundação da sociedade. A trajetória de resistência do PT e a história singular de sua formação, cevada na luta dos trabalhadores nos duros anos da ditadura militar, pareciam credenciá-lo para enfrentar a difícil tarefa. Sabemos hoje que essa esperança se frustrou. Para surpresa geral, o governo Lula não só continuou como aprofundou a política econômica ortodoxa, que prevaleceu no governo FHC.

Foi tamanho o pasmo que inúmeras hipóteses foram aventadas para explicar a insólita situação: ausência de projeto próprio, "endireitamento" progressivo do PT, ameaça à governabilidade, traição oportunista, medo etc. Uma das hipóteses mais aceitas foi a de que, sem alternativa no momento inicial, dados a "herança maldita" e o precipício à frente, o governo Lula faria, só no começo, o "jogo do adversário", para, uma vez recuperada a credibilidade, colocar em prática sua verdadeira política[1]. No entanto, passados um ano e meio do novo governo, é possível afirmar que essa talvez tenha sido a mais equivocada de todas as hipóteses[2].

---

[1] Sobre a falácia do argumento de que o Brasil estava à beira do precipício no início de 2003, sem prejuízo da constatação da gravidade dos problemas estruturais legados por FHC a Lula, ver o primeiro capítulo deste livro, "Brasil *Delivery*: razões, contradições e limites da política econômica nos seis primeiros meses do governo Lula".

[2] Além do mais, quem conhece minimamente a "lógica da credibilidade" abraçada pelo governo do PT sabe perfeitamente que não é possível aceitá-la temporariamente

54 • Brasil *Delivery*

A permanência do mesmo modelo não foi uma estratégia para construir o espaço necessário para que o novo governo colocasse em prática seu próprio projeto. Tampouco foi uma decisão determinada pela percepção de alguma catástrofe iminente e da necessidade de "salvar o país". Ao contrário, tratou-se de uma opção deliberada e consciente de manter o Brasil enredado na mesma armadilha externa em que ele se encontrava. Confrontados com aquilo que parecia ser uma escolha entre um projeto de nação e um projeto de poder, os novos mandatários preferiram ficar com o último, optando pelo caminho que lhes pareceu, desse ponto de vista, o menos arriscado.

Neste texto, procuraremos: 1) descrever que armadilha é essa e quais são os indícios de que se tratou de uma escolha consciente; 2) especular sobre o tipo de discurso que permite que um governo supostamente de esquerda defenda e apresente como legítima essa opção, renegando posturas, valores e objetivos anteriores; e 3) fazer um balanço dessa escolha, depois de dezoito meses de governo.

1. Da armadilha externa e de como o Brasil permaneceu nela

É fato sabido que o Brasil nasceu sob a égide da expansão dos Estados nacionais originários, tendo funcionado, por mais de três séculos, como simples reserva patrimonial, base comercial e terreno de operação de força de trabalho compulsória. Com tal certidão de nascimento, não há por que estranhar o fato de sua história e evolução terem sido sempre marcadas pela questão externa. Permanecendo até o início do século XX como uma economia primário-exportadora, o Brasil, não por acaso, inaugura sua, por assim dizer, "maioridade econômica" com o chamado modelo de substituição de importações, ou seja, o centro dinâmico era agora interno, mas os movimentos externos é que continuavam a lhe ditar o compasso.

Celso Furtado foi quem percebeu que o país podia acabar de ser construído e deixar de uma vez por todas que sua evolução fosse, direta ou indiretamente, comandada de fora. O território digno de continente, a generosa fertilidade do solo, as riquezas naturais incomensuráveis e o

---

e abandoná-la tão logo seja conveniente. Assim, fosse essa de fato uma estratégia, ela estaria fadada ao fracasso. Mas não foi esse o caso, como veremos.

imenso mercado interno potencial estavam ali mesmo, colocando essa construção ao alcance da mão. Alertou, no entanto, que, para isso, seria preciso deixar de lado as ideias convencionais sobre vantagens comparativas, adotar o planejamento como elemento primordial do Estado e reforçar as instituições da sociedade civil[3].

Depois de várias rodadas do mesmo modelo substituidor de importações – a última perpetrada pelo governo militar de Geisel sob o impacto do primeiro choque do petróleo –, o Brasil dispunha de uma matriz interindustrial praticamente completa. Foram preenchidas, com atraso de quase três décadas, as caselas estratégicas dos insumos básicos e dos bens de capital, que Vargas, em sua segunda passagem pelo governo federal, tinha percebido como de fundamental importância para ordenar o crescimento econômico do país.

Mas o Brasil foi atropelado pelo segundo choque do petróleo, pela guinada monetarista de Reagan e Thatcher no fim dos anos 1970 e pela consequente crise das dívidas, que pôs a América Latina de quatro. As possibilidades que então se abriam de um desenvolvimento menos embaraçado por gargalos reais e menos dependente de recursos externos oriundos da balança de capitais (empréstimos, investimentos diretos e capitais de curto prazo) esboroavam-se em função da financeirização do mundo e da "ditadura dos credores" que então se iniciava[4]. Internamente, a economia brasileira mergulhava nas agruras do processo de alta inflação, resultado da combinação da crise do petróleo e da dívida com nosso singular processo de indexação[5] e com a redemocratização do país.

Entrementes, iniciavam-se os anos 1990 e, com eles, a sedução do discurso neoliberal, que encobria, sob a promessa da "modernização" e do maravilhoso mundo novo da globalização, os interesses das altas finanças e a lógica financeira da acumulação, que já dominavam a cena capitalista. Ao mesmo tempo em que eram pesadamente pressionadas

---

[3] Leda Paulani, "A utopia da nação: esperança e desalento", em Luis C. Bresser Pereira e José M. Rego, *A grande esperança em Celso Furtado* (São Paulo, Editora 34, 2001).

[4] Vide a respeito François Chesnais, "Introdução geral", em *A mundialização financeira* (São Paulo, Xamã, 1998).

[5] Leda Paulani, "Teoria da inflação inercial: um episódio singular na história da ciência econômica no Brasil?", em Maria Rita Loureiro (org.), *50 anos de ciência econômica no Brasil: pensamento, instituições e depoimentos* (Petrópolis, Vozes, 1997).

56 • Brasil *Delivery*

a securitizar suas dívidas externas e a abrir seus mercados de títulos públicos, as economias periféricas, denominadas agora "emergentes", eram chamadas a prestar contas da seriedade de suas intenções para com esses interesses. Os organismos multilaterais encarregaram-se de prescrever e cobrar as medidas acordadas no Consenso de Washington, aceitas e praticadas, de forma submissa, por boa parte dos países periféricos. As ideias convencionais sobre vantagens comparativas, que Furtado queria ver enfraquecidas e esquecidas, voltavam assim com força total, enquanto "planejamento" era termo banido e retirado de cena como uma roupa velha, demasiado larga para um Estado que se queria agora bem enxuto.

No caso específico do Brasil, desde o início da mesma década, com a derrota de Lula nas primeiras eleições diretas para a Presidência depois da queda da ditadura, foi se desenhando o cenário que aprisionaria novamente o país na armadilha externa. A escolha do aventureiro Collor deixou bem claro que as elites do país continuariam a preferir a submissão aos interesses externos a enfrentar os riscos da construção de uma verdadeira nação. Concretamente, a renegociação e a securitização da dívida externa alavancaram a reabertura das fontes externas de financiamento ao país, impulsionadas, na verdade, pelo elevado grau de liquidez internacional então vigente. Resolvida assim a questão externa, que produziria a necessária âncora para o sistema de preços, o Plano Real, com seu heterodoxo expediente da unidade real de valor (URV), conseguiu, em 1994, depois de quase uma década de experimentos não convencionais, estabilizar monetariamente a economia brasileira.

Em consonância total com o espírito de modernização que imperava, Gustavo Franco, então diretor da área externa do Banco Central (vindo a tornar-se pouco depois seu presidente), escreveu, em 1996, um artigo, que circulou muito entre os economistas, denominado "Inserção externa e desenvolvimento", que, apesar de muito comentado e louvado, não passava de uma apologia das prescrições do Consenso de Washington, que o governo de Fernando Henrique já estava administrando ao país: redução do tamanho do Estado (privatização), abertura comercial, políticas monetária e fiscal rígidas, taxas reais de juros elevadas[6]. Com uma sem-cerimônia espantosa, Gustavo Franco,

---

[6] Vide detalhes do modelo proposto por Gustavo Franco no artigo anterior desta coletânea.

em entrevistas e debates, creditava o atraso do país aos cinquenta anos de burrice dos *policy makers* anteriores e às ideias antigas e resistentes de fazer do Brasil uma autarquia econômica. Conquistada a estabilidade monetária, a nova política redimiria o país de tantos equívocos, conseguiria o crescimento sustentado, o equilíbrio externo duradouro e a redução da crônica desigualdade.

Essas medidas, como se sabe, geraram a estagnação econômica, o desemprego recorde, o enorme aumento da vulnerabilidade externa, o retorno do país à posição de uma economia primário-exportadora e a permanência do mesmo padrão distributivo, com inevitável crescimento da pobreza absoluta, da violência e da barbárie nos grandes centros urbanos do país[7]. Além disso, o PIB brasileiro, que era o 8º maior até o início dos anos 1990, é hoje o 15º do mundo. De outro lado, porém, conseguiu-se a inserção que de fato importava: a admissão do Brasil no circuito internacional de valorização financeira.

As medidas necessárias para conseguir tal admissão haviam sido tomadas entre 1992 e 1994 pela mesma diretoria do Banco Central (a da área externa) que Gustavo Franco viria a dirigir. De um lado, a abertura do mercado brasileiro de títulos públicos; de outro, a abertura financeira do país por meio de alterações nas contas CC5[8]. Essas mudanças produziram, em conjunto, a forma e a substância da inserção do Brasil nas finanças de mercado internacionalizadas. Os títulos da dívida brasileira lançados e cotados no exterior confirmaram o país no papel de emissor de capital fictício. A abertura financeira, com o consequente livre trânsito de capitais que ela produz, permite, para esses capitais ciganos, o máximo aproveitamento das políticas monetárias restritivas e de juros reais elevados. Para se ter uma ideia do impacto dessas mudanças, basta lembrar que o controle do fluxo internacional de capitais teria, por exemplo, impedido a saída abrupta do país dos mais de US$ 40 bilhões que se evadiram entre setembro de 1998 e janeiro de 1999, amedrontados com a iminente desvalorização do real.

---

[7] O fato de o Brasil deter um nada honroso quinto lugar no *ranking* mundial de assassinatos de jovens (15 a 24 anos) e de a taxa de homicídios nessa faixa ter crescido 88,6% entre 1993 e 2002 é só um dos inúmeros indicadores dessa tenebrosa situação.

[8] Para detalhes sobre a forma, o conteúdo e as consequências dessa mudança, vide o artigo anterior desta coletânea.

58 • Brasil *Delivery*

É dentro desse contexto que deve ser considerado o próprio Plano Real. Se for verdade que o processo inflacionário produzia internamente profundas e indesejáveis consequências (desestruturação das cadeias produtivas, elevado imposto inflacionário, que prejudicava principalmente as classes de renda mais baixa, deterioração da capacidade fiscal do Estado etc.) e que se tratava, portanto, de uma necessidade para o país que o problema se resolvesse, não é menos verdade que, com uma taxa de inflação tão pouco civilizada e, por conta disso, capaz de produzir oscilações abruptas no comportamento do nível geral de preços e de suas variações, inviabilizava-se o cálculo financeiro, a arbitragem com moedas e a especulação visando a ganhos em moeda forte. Mesmo com a abertura financeira já tendo sido formalmente operada, ela permaneceria letra morta, do ponto de vista de suas potencialidades de atração de capitais externos de curto prazo, se o processo inflacionário não tivesse sido domado.

É no mesmo contexto que deve ser analisada a edição, em maio de 2000, da Lei Complementar nº 101 (Lei de Responsabilidade Fiscal – LRF). Com a implementação da LRF, negociada por FHC com o FMI no calor da crise que levou à desvalorização do real em janeiro de 1999, a preocupação central do administrador público passa a ser a preservação das garantias dos detentores de ativos financeiros emitidos pelo Estado. O propósito da LRF era e é estabelecer uma hierarquia nos gastos públicos que coloca em primeiríssimo e indisputável lugar o credor financeiro, em detrimento da alocação de recursos com fins distributivos (políticas de renda e políticas públicas de modo geral) e da viabilização de investimentos públicos. Por outro lado, a "austeridade fiscal" da LRF, que exige de prefeitos e governadores esse tremendo aperto e a redução impiedosa dos gastos na área social, não impõe nenhum controle ou sanção aos que decidem a política de juros e elevam a dívida pública do país em favor dos credores nacionais e internacionais.

Além de tudo isso, os oito anos de FHC produziram uma série de benefícios legais aos credores do Estado e ao capital em geral, que não deixam dúvidas quanto à seriedade de suas (boas) intenções para com esses interesses. Em carta ao FMI de setembro de 2001, o governo brasileiro reafirma sua disposição para estudar meios de evitar ou reduzir o impacto negativo da CPMF nos mercados de capitais. Em dezembro do ano seguinte, aprova-se a emenda constitucional nº 37, que isenta da incidência desses tributos os valores aplicados em bolsas de valores. Também passou a ser isenta de imposto de renda a distribuição de lucros de empresas a seus sócios brasileiros ou estrangeiros e a remessa de lucros ao exterior, bem como a ser permitida a dedução, como despesa, dos "juros sobre o capital próprio"[9].

Mas o traje desse novo papel do país ainda não estava completo. Por mais que tenha tentado, FHC não conseguiu implementar, na questão previdenciária, todas as mudanças requeridas. A reforma da Previdência foi, por isso, o primeiro projeto em que se empenhou o governo Lula. Estendendo para os funcionários do setor público o mesmo tipo de mudança que FHC promoveu no que concerne aos trabalhadores do setor privado, Lula dá o mais importante passo para a transformação do sistema previdenciário do país. Antes dessas reformas, o regime previdenciário predominante era o de repartição simples que, em função da forma de seu funcionamento, é de vocação produtivista (é tanto mais equilibrado financeira e atuarialmente quanto maiores forem o emprego e a renda média dos trabalhadores). Depois delas, a tendência que se estabelece é a de um peso cada vez maior do regime de capitalização que, em função da forma de seu funcionamento, é de vocação rentista (é tanto mais equilibrado financeira e atuarialmente quanto maiores forem os juros e a cotação das ações das empresas que fazem políticas de *downsizing*). Com a reforma que promove no setor público – a qual afirma ser seu primeiro grande projeto –, Lula, além de tornar o país mais adequado aos tempos de predomínio do capital financeiro, garante ao setor privado um novo e promissor terreno de valorização e ganha pontos na meta de redução de gastos públicos[10]. Concluída, portanto, essa etapa, fica quase pronto o país para integrar o circuito internacional da valorização financeira. Mais alguns detalhes, como a aprovação da nova Lei de Falências[11] e a autonomia do Banco Central, e nada mais faltará. O restante da agenda de reformas de Lula

---

[9] As informações foram retiradas de Maria Lúcia Fattorelli, "A grande sangria", *Reportagem*, n. 57, jun. 2004.

[10] Considerações mais aprofundadas sobre a natureza, as consequências e a importância da reforma previdenciária patrocinada por Lula podem ser encontradas no artigo anterior desta coletânea.

[11] Que entre outras mudanças, algumas das quais importantes, propõe, por exemplo, tetos para o pagamento de dívidas trabalhistas.

60 • Brasil *Delivery*

vai todo nessa direção. Fica com isso evidente que o governo do PT, sem coragem de afrontar os interesses constituídos, escolheu a reafirmação da lógica perversa que já estava em curso e a entrega total do Brasil às exigências da acumulação privada. Vejamos de que artimanhas ele se vale para legitimar politicamente essa escolha.

2. Da necessidade de o governo do PT beijar a cruz

Para enfrentar a contradição entre essa escolha e os ideais, princípios e valores historicamente defendidos pelo PT, o governo tem à sua disposição duas armas poderosas. A primeira, já bastante discutida, tem que ver com a defesa desse modelo como sendo a única alternativa verdadeiramente comprovada a fornecer a garantia do crescimento sustentado. As analogias espúrias que amiúde se fazem entre a macroeconomia e a economia doméstica encarregam-se de jogar por terra os inúmeros exemplos concretos que demonstram precisamente o contrário, ou seja, que esse modelo produz vulnerabilidade permanente e impossibilidade de crescimento sustentado e que países que vêm ignorando as recomendações do Consenso de Washington têm conseguido, inversamente, substantivo crescimento, sem grandes desequilíbrios.

As ideias pautadas pelo senso comum de que "ninguém pode dar o passo maior que a perna", de que "ninguém pode gastar mais do que ganha", de que "é preciso pagar as dívidas antes de pensar em aumentar a casa", de que "é preciso poupar para poder investir" etc. – todas elas absolutamente verdadeiras no plano doméstico, mas falaciosas no plano macroeconômico – asseguram, repetidas à exaustão, a percepção dessa política como a única tecnicamente correta, a única comprovadamente científica.

Sendo assim, um governo responsável, qualquer que seja sua ideologia (esquerda, centro, direita), tem por obrigação adotá-la incondicionalmente. É justamente nesse tipo de consideração que se esconde a segunda e decisiva arma governamental. A defesa dos interesses ligados à exacerbação da valorização financeira, que a adoção desse modelo de fato promove, vem sempre embalada na retórica do respeito no trato da coisa pública, da necessidade de transparência, de austeridade, de gestão fiscal responsável – bandeiras extremamente sedutoras para a esquerda, que sempre as defendeu por aqui em razão dos desmandos e da corrupção que invariavelmente caracterizaram nossa direita[12]. Quem, em sã consciência, pode ser contra a transparência e a gestão responsável dos recursos públicos, ainda mais num país como o Brasil? Mas, com isso, a crítica à política monetária por sua demasiada rigidez é imediatamente lida como uma defesa da irresponsabilidade na gestão do dinheiro público.

Confundem-se assim, deliberadamente, dois papéis distintos que tem a União: por um lado, ela é ente da federação, e como tal deve gerir responsavelmente os recursos orçamentários de que dispõe; por outro, porém, o governo federal é produtor de moeda e de liquidez, gestor do crédito e guardião das reservas do país e, enquanto tal, sinalizador dos caminhos que a economia deve trilhar. Graças a uma confusão de mesma natureza, associam-se também imediatamente política econômica liberal e estabilidade monetária, como se a política econômica não ortodoxa fosse necessariamente *contra* a estabilidade. A combinação de todos esses elementos constrói o argumento segundo o qual um governo que tente outra forma de gestão da política econômica deve necessariamente ser considerado irresponsável.

O respeito à coisa pública está, nesse discurso, diretamente associado à ideia de um gerenciamento responsável e transparente, que pratica a política correta (e justa), que tem apreço pela austeridade, que controla firmemente os gastos públicos, que impede desperdícios e corrupção, que zela pelo valor da moeda etc. A imagem assim produzida é extremamente bem-sucedida. É justamente ela que permite, ideologicamente, o desperdício maior: o gasto de quase 10% do PIB com o serviço da dívida, tornando irresponsável a política fiscal "responsável" e produzindo uma completa intransparência, por mais que os *sites* do governo federal publiquem periodicamente as contas do governo. A questão da

---

[12] A reação que a votação da Lei Complementar nº 101/2000 (Lei de Responsabilidade Fiscal – LRF) provocou na esquerda é um exemplo contundente desse fenômeno. A LRF, sob o manto da transparência, da responsabilidade e do combate à corrupção, obriga, por exemplo, que estados e municípios estabeleçam metas fiscais "consistentes com os objetivos da política econômica nacional" (inciso II do § 2º do art. 4º). Não é preciso muita argúcia para perceber o estrago que tal exigência produz nas pretensões federativas do país. Mas o que ela traz de mais importante, como assinalamos, é a exigência da adoção de uma hierarquia nos gastos públicos, que coloca em primeiríssimo e indisputável lugar o credor financeiro. A despeito de tudo isso, os parlamentares de esquerda, com raras exceções, não se insurgiram contra ela. Vide a respeito o trabalho do deputado Sérgio Miranda, *A farsa da Lei de Responsabilidade Fiscal* (Brasília, Câmara Federal, 2000).

dívida pública e a forma como ela é tratada pelo discurso governamental constitui, por isso, um dos melhores exemplos da parafernália ideológica aqui tratada. Cabe, portanto, explorá-la um pouco mais.

Nesta era de domínio das exigências e da linguagem dos "mercados", difunde-se pela mídia uma noção mistificadora da dívida pública. Ela é mistificadora porque passa a ideia – muito razoável para o senso comum, mas absolutamente inadequada à realidade da acumulação capitalista – de que dívida é algo condenável, resultado de imprevidência passada, do mau costume de se viver além das próprias possibilidades, de dar o passo maior que a perna etc. É essa a noção que está por trás das afirmações sobre o "esforço" do governo para "sanear" as contas públicas, da necessidade de "apertar o cinto", e assim por diante. Essa sorte de puritanismo econômico, que apresenta o crescimento como uma espécie de prêmio pelo bom comportamento do país, é extremamente funcional. Ela faz mais do que encobrir a verdadeira natureza da dívida pública na economia capitalista. Afirmando e repetindo reiteradamente o inverso, ela funciona por isso de modo muito mais eficaz para impedir que a dívida pública deixe de ter a importância que hoje tem no processo de acumulação de capital e na dominância financeira desse processo.

Cabe em primeiro lugar desmistificar a dívida em seu plano mais geral, o das relações privadas de produção. Em vez de ser sinônimo de desleixo e imprevisão, o endividamento é sinal de dinamismo. Ao endividar-se, uma empresa privada demonstra que conseguiu crédito no mercado, ou seja, que está autorizada a aplicar capitalistamente o dinheiro de outrem. Em outras palavras, dívida é sinônimo de investimento, e investimento é sinônimo de reprodução ampliada do capital e de alavancagem do processo de acumulação. Mais do que isso, segundo algumas teorias, como a do economista austríaco Joseph Schumpeter, o crédito, e, portanto, o endividamento de alguns agentes, é condição *sine qua non* para que se rompa a inércia estacionária do processo de acumulação – por ele chamada de "fluxo circular". Ou seja, sem crédito e sem dívida, o desenvolvimento não aparece. Nada mais distante da realidade do capitalismo do que a ideia da dívida como um "mau passo" que deve ser reparado e cuja repetição deve ser evitada a qualquer preço.

A receita barata, com cara de sermão dominical, que os discursos convencionais não se cansam de repetir, aplica-se, quando muito, aos assalariados (que se endividam para consumir ou conseguir o teto que pagarão pelo resto da vida) e aos pequenos empresários e comerciantes (pressionados por problemas de giro), não ao grande capital, cujo impulso encontra no endividamento um de seus mais importantes combustíveis. Contudo, por mais que se constitua em calvário e açoite para os reles mortais, mesmo esse endividamento miúdo é enzima que fermenta o processo de acumulação, visto que é a extensão das potencialidades do mercado no tempo – assim como os transportes são sua extensão no espaço.

Consideremos agora a dívida pública. Ela constitui o elo mais visível da ligação entre Estado e setor privado, a objetivação da relação potencialmente contraditória – mas, de fato, associativa –, entre poder e dinheiro. E foi assim desde o início da história capitalista. Segundo Marx, a dívida pública converteu-se numa das maiores alavancas da acumulação primitiva que marcou o início do sistema. Nesses processos originários, como se sabe, promoveu-se, por meios nada civilizados – roubo, pilhagem colonial, coerção etc. –, o acúmulo de grandes massas de capital monetário, que financiariam a acumulação produtiva na fase madura do sistema.

A dívida pública funcionou como um dos instrumentos mais eficazes para transformar rapidamente em capital parcelas cada vez maiores da riqueza social. Segundo Marx, foi o sistema colonial, com seu comércio marítimo e suas guerras comerciais, que lhe serviu de estufa, fazendo que a alienação do Estado – seja ele despótico, constitucional ou republicano – deixasse sua marca na história capitalista. Como se fosse por um toque de mágica, continua Marx, a dívida pública transforma em profícuo o dinheiro improdutivo, sem que para isso ele tenha que se expor, em pessoa, aos riscos do investimento industrial e do empréstimo a juros. Em seus primeiros tempos, por exemplo, o Banco da Inglaterra, então um banco privado, começou a emprestar dinheiro ao governo à taxa de juros de 8% ao ano. Recebeu em troca títulos da dívida pública e foi autorizado pelo Parlamento a emitir bilhetes de banco com base nesse "capital". Pouco mais tarde, os bilhetes de banco, já transformados em moeda, puderam ser novamente emprestados ao Estado. "Não bastava que desse com uma mão para receber mais com a outra", ironiza Marx; "mesmo recebendo, continuava sendo um credor perpétuo da nação"[13].

---

[13] Essas considerações estão no capítulo XXIV ("A assim chamada acumulação primitiva") do Livro I de *O capital*. Cf. Karl Marx, *O capital: crítica da economia política*

64 • Brasil *Delivery*

Passados quinhentos anos, a dívida pública continua a ocupar lugar de destaque no movimento da acumulação. Em outras palavras, permanece a sociedade entre capital e Estado, por mais que o discurso econômico neoliberal demonstre ojeriza ao Estado e dê a entender que este e o mercado opõem-se polarmente. Mas a dança que eles compartilham não é sempre a mesma – e dado o caráter formalmente público do Estado é a ele que cabe decidir seu ritmo e compasso.

Entre o pós-guerra e meados dos anos 1970, a direção que os Estados predominantemente deram a essa sociedade natural foi a da geração de renda real e expansão da capacidade produtiva. No centro do sistema, o movimento ganhou uma característica adicional, originando aquilo que Francisco de Oliveira chamou de "antivalor", ou seja, um *locus* no qual um volume cada vez mais expressivo de mercadorias deixava de ter seus valores determinados pelo mercado e pela acumulação privada[14], pondo como questão política a determinação do valor da força de trabalho, da saúde, da educação etc.

Era, portanto, uma necessidade desse arranjo que a geração de renda tivesse absoluta primazia. A prática do rentismo (extração de parcelas da renda pelos proprietários de capital monetário e/ou de ativos territoriais) era, nessa época, instrumento para alavancar a produção de renda real, de um lado, e para expandir e aprofundar o espaço do antivalor, de outro. A partir de meados dos anos 1970, essa sociedade começa a mudar de feição. Se nos "trinta anos dourados" ela chegou a criar o espaço do antivalor, agora afirma cegamente o espaço do valor e do capital.

Essa nova feição é muito mais marcada e dura nas periferias do sistema. Nos países ditos emergentes, transformados em plataformas de valorização financeira internacional, o Estado não só produz volumes substantivos desse "capital caído do céu", para usar os termos de Marx, como garante, pela imposição de metas elevadíssimas de superávit primário, a extração da renda real necessária para "honrar" o serviço desse capital fictício, cujo preço ele mesmo fixa. A arquitetura financeira internacional, baseada numa moeda puramente fiduciária,

---

(Livro I, trad. de Regis Barbosa e Flávio R. Kothe, São Paulo, Abril Cultural, 1983, Coleção Os Economistas).

[14] Veja-se a esse respeito, de Francisco de Oliveira, *Os direitos do antivalor* (Petrópolis, Vozes, 1998, Coleção Zero à Esquerda).

sanciona mundo afora a valorização fictícia desses capitais fictícios, aumentando a pressão sobre os Estados nacionais periféricos para que funcionem como aspiradores de renda real ainda mais violentos.

Isso posto, a colocação da dívida pública como um problema gerado pela impaciência da sociedade (que quer andar mais rápido do que permitem as condições concretas) e os sermões sobre as virtudes da abstinência que essa formulação suscita constituem uma inversão total da questão. Inversão funcional, sem dúvida, pois, apelando ao senso comum, faz a sociedade como um todo se sentir culpada por esse "pecado original" e aceitar as penitências que lhe são impostas para conseguir a remissão dos pecados e alcançar a recompensa dos céus.

Cria-se com tudo isso um ambiente em que o questionamento dos rumos da política econômica toma ares de crime de lesa-pátria, de coisa de irresponsáveis – por mais que esses rumos sejam nefastos para a imensa maioria da população. Opera-se assim um fechamento das possibilidades que a democracia e os governos democráticos deveriam propiciar; fechamento, aliás, muito mais incisivo do que o fechamento político propriamente dito, visto que este último, precisamente por se mostrar como o que é, desperta de imediato o repúdio e escancara a necessidade da mudança.

O mais surpreendente, porém, é fazermos considerações desta ordem sobre um governo, em princípio, democrático, progressista, de esquerda e que teria vindo para mudar. E para que não nos contentemos com as tão fáceis quanto vazias análises de cunho moralista da transmutação que assistimos (traição, safadeza, arrivismo puro etc.), Arantes sugere uma interpretação que parece fazer sentido. Resumidamente, ele afirma que nossos governantes atuais agem como os consumidores de objetos de marca: eles sabem, no fundo, que as grifes e os logotipos nada significam – afinal, o que importa é a qualidade do objeto consumido –, mas agem como se não soubessem. Assim estariam se comportando os atuais donos do poder: eles sabem perfeitamente como as coisas são, como é que funciona a armadilha, que interesses estão sendo privilegiados, mas continuam a agir como se não soubessem. As teorias contrárias à sua prática atual, que compuseram seus discursos ao longo de duas décadas, teriam sido suplantadas pelo hábito capaz de fornecer as provas em que eles verdadeiramente acreditam. Tal automatismo, que teria arrastado consigo a mente crítica dessas práticas e hábitos, é que seria responsável por tamanha surpresa, a qual expressaria alguma coisa do

66 • Brasil *Delivery*

tipo: "se os sujeitos não acreditam, as coisas acreditam por eles". Assim como o consumidor anônimo se ajoelha diante das grandes marcas e cotidianamente beija a cruz, os governantes de esquerda do Brasil, de tanto agir como se acreditassem no que fazem, transformaram a aposta na ortodoxia em fé de ofício, o que funciona muito bem, diga-se de passagem, do ponto de vista da "credibilidade" que o governo procura desesperadamente irradiar.

O GOVERNO LULA
É ALTERNATIVA AO NEOLIBERALISMO?

Para saber se os novos governos da América Latina – e especificamente o governo de Lula e do PT – são alternativas ao neoliberalismo será conveniente, de antemão, recuperar um pouco da história do neoliberalismo. Ela nos ajudará a defini-lo de forma mais precisa, o que nos permitirá responder apropriadamente à questão proposta.

O neoliberalismo é uma doutrina e uma coleção de práticas de política econômica. Em comparação com o liberalismo clássico, é: 1) mais estreito, pois se restringe ao aspecto econômico da vida humana em sociedade; e 2) menos "iluminista", porque depende mais de crença do que de razão. Vejamos como se chegou a isso.

Logo após o fim da Segunda Guerra Mundial, numa reunião convocada por Friedrich Hayek, um grupo de intelectuais conservadores (entre eles Karl Popper, Milton Friedman, Ludwig von Mises, Lionel Robbins etc.), percebendo a avalanche keynesiana que se aproximava, da qual o New Deal, de forma involuntária, tinha sido uma boa amostra, resolve partir para a ofensiva, visto que o ambiente que, a largos passos, ia se desenhando no mundo ocidental era completamente hostil (na visão deles) ao desenvolvimento de uma sociedade inteiramente organizada pelo mercado.

É nessas circunstâncias que nasce o neoliberalismo. Seu objetivo era combater o keynesianismo e o solidarismo reinantes, fazendo que o mundo voltasse a ser pautado por um capitalismo duro e livre de regras. O interessante, porém, é que não se traçou ali nenhum plano de pesquisa para que fosse academicamente robustecido o paradigma neoclássico. Contrariamente ao keynesianismo, que criava um capitalismo tolhido e prisioneiro das limitações impostas pelo Estado, aquela corrente teórica,

68 • Brasil *Delivery*

em princípio, demonstrava cientificamente os bons resultados produzidos pelo mercado, devendo, portanto, ser fortalecida para enfrentar a teoria keynesiana, que já dominava abertamente a academia.

Ocorre que Hayek, o organizador da reunião, tinha sido justamente o crítico mais feroz da teoria keynesiana, que, segundo ele, dava por resolvidos os problemas que ela deveria resolver. Seu maior incômodo com esse paradigma era de natureza metateórica: para ele o individualismo que lhe servia de base era um individualismo falso, em que os indivíduos, em vez de singularidades, eram considerados átomos de comportamento idêntico. Escaldado que estava do revés sofrido no famoso "debate sobre o cálculo socialista", Hayek percebera que, tendo esse tipo de fundamento, a teoria neoclássica podia se transformar numa arma para demonstrar precisamente o contrário daquilo que ele defendia, ou seja, que o ótimo social podia ser conscientemente planejado.

Isso posto, uma reação liberal ao mundo regulado que se estava construindo no pós-guerra tinha de ser tão somente uma profissão de fé nas virtudes do mercado e em sua capacidade de preservar a liberdade dos indivíduos. Tratava-se, portanto, de afirmar a nova doutrina, prescrevendo as medidas que deveriam ser tomadas para resgatar o lugar que por direito cabia ao mercado e que, segundo seus advogados, estava sendo usurpado pelo Estado. Não é difícil imaginar do que constava esse menu: liberdade total para o mercado em todos os sentidos, fim de toda e qualquer limitação dessa liberdade imposta pelo Estado, redução do Estado ao mínimo indispensável para garantir a viabilidade das relações de mercado e controle absoluto sobre seus gastos.

Mas o vento da História soprava contra essa meia dúzia de pregadores, de modo que suas ideias ficaram engavetadas por pelo menos três décadas. Nesse meio tempo, do ponto de vista metateórico, as ideias caminharam no sentido inverso do que Hayek pregava. Usando o mesmo individualismo atomista que caracteriza a economia neoclássica, discípulos de Milton Friedman (como Gary Becker) estenderão para outras esferas da vida social (como o amor, o casamento e o voto) os princípios comportamentais atribuídos ao *Homo economicus*, enquanto James Buchanan fará a mesma coisa com as relações que se desenrolam no âmbito do Estado (teoria da escolha pública). Em ambos os casos, assim como na doutrina de Hayek, trata-se de afastar qualquer possibilidade de organização social que não seja embasada na completa liberdade econômica e em sua suposta ordem meritocrática. De qualquer modo, é só em meados dos anos 1970 que todas essas ideias vão encontrar uma base objetiva que permita sua germinação.

A grave crise enfrentada pelo capitalismo no fim dos anos 1960, agravada pela crise do petróleo e dos insumos básicos, desemboca em recessão aberta em meados dos anos 1970. Como o mundo já se encontrava num sistema monetário internacional puramente fiduciário, a investida da valorização financeira sobre a valorização produtiva, natural em momentos de crise como esse, pôde se desenvolver sem amarras – e, com ela, a grita geral pela desregulamentação dos mercados, em particular dos mercados financeiros. Nesse movimento, a outra face da moeda foi a ofensiva contra o Estado, em especial no que tange à oferta de bens públicos e aos direitos dos trabalhadores. A crise e, por fim, a *débâcle* completa do chamado socialismo real vão completar o quadro em que viceja a pregação da doutrina neoliberal.

No atual quadro – assumindo o governo federal um partido de esquerda, num país periférico como o Brasil, no início do século XXI –, quais seriam as alternativas ao neoliberalismo? A adoção de políticas que tivessem por meta a reversão do processo de fragmentação social que está em curso há quase duas décadas, graças justamente à ascensão das práticas neoliberais e do espírito neoliberal que as acompanha, espírito do cada um por si, do individualismo exacerbado, da demonização do Estado e dos movimentos sociais, da esterilização da força política dos sindicatos e assim por diante, espírito que a política econômica objetiva em transformações concretas e a mídia se encarrega de difundi-lo como se fosse uma coisa absolutamente natural. Em suma, para enfrentar esse movimento avassalador seria preciso investir em políticas que buscassem resultados objetivos, por exemplo, na redução da abissal desigualdade do país; mas que fizessem isso trazendo consigo uma revolução cultural e de valores que proscrevesse como indignos e inaceitáveis os valores individualistas e puramente mercantistas.

E o que faz o governo Lula? Todas as providências que toma vão justamente no sentido contrário. E, nesse contexto, o que tem menos importância é a política econômica em si mesma, ou seja, se amanhã ou depois o *board* do Banco Central resolver que é necessário baixar os juros reais básicos e/ou a equipe do Ministério da Fazenda decidir que o superávit primário do governo pode ser menor do que 4,25% do PIB, nem por isso ele poderá ser considerado não neoliberal. Muito mais do que pela ortodoxia na condução da política macroeconômica, o governo Lula é neoliberal principalmente por três razões que estão interligadas, mas que analisaremos separadamente.

A primeira razão que faz do governo Lula um governo afinado com o neoliberalismo é justamente sua adesão sem peias ao processo de transformação do país em plataforma de valorização financeira internacional. A política ortodoxa escolhida pelo governo tem na credibilidade com os mercados internacionais de capitais sua mais importante justificativa. Some-se a isso a elevada taxa real de juros que prevalece em nossa economia, a maior do mundo (a segunda maior é a da Turquia, que é menor do que a metade da nossa); somem-se também as mudanças no mercado cambial com a consequente facilitação do envio de recursos ao exterior; some-se igualmente a nova Lei de Falências, que dá primazia aos créditos financeiros em relação aos créditos trabalhistas; e some-se por fim o projeto, que ainda não foi abandonado, muito ao contrário, de autonomia operacional do Banco Central, e perceber-se-á do que estamos falando.

A segunda razão que faz do governo Lula um governo neoliberal decorre de seu discurso de que só há uma política macroeconômica correta e cientificamente comprovada: a política de matiz ortodoxo levada à frente por sua equipe econômica desde o início do governo. Como do ponto de vista macro (leia-se de manipulação das variáveis da demanda agregada) não há escolha, sustenta-se que o crescimento virá do rearranjo das condições de oferta (leia-se da política microeconômica), que consiste em "melhorar o ambiente de negócios". Essa melhora não passa apenas pela defesa dos direitos dos credores, que a nova Lei de Falências consagra (e que a Lei de Responsabilidade Fiscal já apontava como inescapável), e pela desregulamentação do mercado de trabalho (leia-se perda de direitos), que a nova lei trabalhista deve provocar; passa também pela abertura de novas e promissoras oportunidades de negócios, como aquelas que serão trazidas pelas PPPs (parcerias público-privadas) e pela privatização do Instituto de Resseguros do Brasil e aquelas já trazidas pelo crescimento do mercado privado de aposentadorias e pensões decorrente da reforma da Previdência – isso tudo sem contar a pressão para que o setor financeiro privado possa, também ele, negociar com a parte gorda do mercado de créditos dirigidos.

A terceira mas não menos importante razão pela qual o governo Lula deve ser tachado de neoliberal encontra-se na chamada "política social", que tem nas "políticas compensatórias de renda" seu principal esteio. Deixando de lado questões menos importantes, relativas a uma competência maior ou menor em sua condução, o fato é que, ao contrário do que imagina inclusive parte da própria esquerda, tais políticas sancionam as fraturas sociais em vez de promover a tão falada "inclusão" (não por acaso, o criador e maior defensor da ideia da renda mínima é justamente Milton Friedman). Fazer de projetos como o Fome Zero a base e o fundamento da política social do governo é uma espécie de admissão de que, naquilo que importa, ou seja, na condução efetiva da vida material do país, a questão social está em último lugar (a política agrária, por exemplo, é pouco mais que uma farsa, não tendo até agora, ao contrário do que se esperava, enfrentado os grandes interesses latifundiários).

Como correm hoje outros tempos que não permitem mais que o primeiro mandatário do país diga, como pôde tranquilamente dizer Fernando Henrique, que o modelo "não é para os excluídos", o governo Lula faz o Fome Zero, enquanto desmantela os direitos dos trabalhadores para facilitar os negócios, e anda na contramão do solidarismo e da universalização dos bens públicos para tornar o país um *investment grade*. Assim, consideradas em seu conjunto, as três razões acima não só nos impedem de afirmar que o governo Lula promova qualquer tipo de enfrentamento, por diminuto que seja, ao neoliberalismo, como nos obrigam a perceber o caráter completamente neoliberal de seu governo.

INVESTIMENTOS E SERVIDÃO FINANCEIRA
o Brasil do último quarto de século[1]

1. De máquinas e dólares

Um dos sinais mais contundentes do declínio sofrido pela economia brasileira nos últimos 25 anos é a trajetória claramente descendente da formação bruta de capital fixo[2] medida como proporção do PIB (FBKF/PIB)[3]. Tendo alcançado cifras da ordem de 25% em meados dos anos 1970, essa razão agora mal chega a 14% (Gráfico 1).

Observar o comportamento dessa variável é também ilustrativo para desfazer alguns mitos, como o de que a década de 1980 teria sido a década perdida. Ao longo dos anos 1980, a FBKF/PIB da economia brasileira foi, em média, de 18,55%. Ainda que muito inferior se comparada à performance da década de 1970 (média de 23,1%), essa taxa é muito mais substantiva do que a observada na década de 1990 (15,05%). Depois da *débâcle* do real forte (1999), essa razão caiu ainda mais: a média do período 2000-2004, incluindo este último ano, cai para 14,07%; e a média do último triênio (2002-2004), para 13,6%. E, se tomarmos o período 1995-2004, que poderíamos chamar de "a

---

[1] Artigo escrito em conjunto com Christy G. G. Pato.

[2] Aos não economistas talvez caiba esclarecer que formação bruta de capital fixo é o valor total dos investimentos brutos (sem deduzir o uso devido à depreciação e à obsolescência) em capital fixo (máquinas e equipamentos, estruturas e edificações, rebanhos e culturas permanentes) realizados pelas empresas públicas e privadas no ano. O valor indica o aumento bruto da capacidade produtiva do país.

[3] Os dados aqui utilizados derivam das séries históricas de PIB e FBKF trazidos a preços constantes de 1980 pelo deflator implícito do PIB, tal como se encontra em <www.ipeadata.gov.br>.

74 • Brasil *Delivery*

Gráfico 1 – Formação bruta de capital fixo/PIB (%)* – 1947-2004 (anual)

Fontes de dados primários: IBGE/SCN e IpeaData.
* A preços constantes de 1980.

mais neoliberal das décadas", o resultado é 14,8%. O mesmo período dividido entre seus diferentes reinados produz o seguinte: 15,72% para o primeiro governo de FHC, 14,55% para o segundo e 13,47% sob a batuta de Lula–Palocci (Gráfico 2).

Gráfico 2 – Formação bruta de capital fixo/PIB (%)*
Décadas de 1950 a 2000 (média das porcentagens anuais de cada década)**

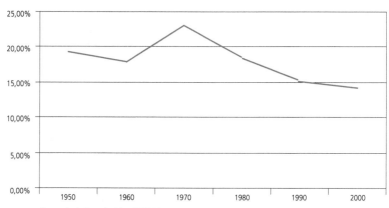

Fontes de dados primários: IBGE/SCN e IpeaData.
* A preços constantes de 1980.
** Para os anos 2000, foram computadas apenas as médias de 2000 a 2004.

Não é também demais notar que, ao longo dos confusos anos 1960 (inflação em disparada, renúncia presidencial, recessão, crise política, golpe militar), essa mesma variável atingiu a média de 17,81% e que mesmo excluindo dessa década o começo do milagre econômico e considerando, portanto, apenas seus conturbados cinco primeiros anos (1960-1964), essa média é, ainda assim, maior (16,21%) do que a observada na década neoliberal (quando, em princípio, estaríamos obtendo nosso passaporte para o admirável mundo novo da globalização) e do que a dos primeiros anos deste novo século (quando estaríamos, sob o comando do governo do PT, consolidando os "fundamentos" de nossa economia).

A anêmica formação de estoque de riqueza na economia brasileira, principalmente a partir dos anos 1990, tem como uma de suas consequências funestas a incapacidade de crescimento do país, uma vez que não são criadas, a cada ano, as condições para a produção de um fluxo futuro aumentado de bens e serviços. Daí o declínio do PIB e do PIB per capita percebido ao longo do mesmo período[4] (Gráfico 3).

A exemplo do que ocorre com os dados da FBKF/PIB, também aqui os dados por década desmentem a ideia de que teriam sido os anos

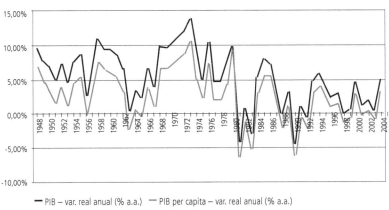

Gráfico 3 – Variação real anual do PIB e do PIB per capita (% a.a.) – 1948-2004

— PIB – var. real anual (% a.a.)   — PIB per capita – var. real anual (% a.a.)
Fontes de dados primários: IBGE/SCN e IpeaData.

---

[4] Os dados a partir dos quais foram gerados os gráficos e cuja fonte original é o IBGE (IBGE/SCN) estão disponíveis em <www.ipeadata.gov.br> e <www.ibge.gov.br>.

1980 aqueles que protagonizaram a "década perdida". Se tomarmos o crescimento real acumulado do PIB ao longo de cada década, teremos os resultados apresentados na Tabela 1 e no Gráfico 4.

Tabela 1 – Crescimento real acumulado do PIB

Década*	PIB crescimento acumulado ao longo da década (%)	PIB per capita crescimento acumulado ao longo da década (%)
1950	99,03	47,87
1960	80,33	35,51
1970	131,26	76,17
1980	33,47	10,13
1990	19,04	1,57

Fontes de dados primários: IBGE/SCN e IpeaData.
* Uma década é o período que vai do ano 0 ao ano 9.

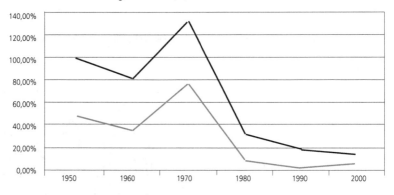

Gráfico 4 – Crescimento real acumulado do PIB e do PIB per capita ao longo da década (%) – Décadas de 1950 a 2000*

— PIB – crescimento real acumulado
— PIB per capita – crescimento real acumulado
Fonte de dados primários: IBGE/SCN e IpeaData.
* Para os anos 2000 foram computadas apenas as médias de 2000 a 2004.

Como se pode observar, os anos 1980 saem-se muito melhor do que os dez anos seguintes, no que diz respeito ao crescimento tanto do PIB quanto do PIB per capita. No caso deste último, aliás, o resultado é realmente assombroso: os mandatários da política econômica conse-

Investimentos e servidão financeira • 77

guiram a proeza de fazer o país crescer, ao longo de toda uma década, irrisório 1,57% per capita. Com a escolha do caminho neoliberal, os quinze anos que vão de 1990 a 2004 acumularam um crescimento per capita do PIB de 7,33%, ou seja, em quinze anos o país cresceu menos do que nos dez anos da "década perdida".

Mas tomemos agora outra série de dados. Entre o início de 1975 e o fim de 2004, as despesas anuais do país com serviços de fatores de produção (lucros e dividendos de investimentos diretos e juros de empréstimos intercompanhia; lucros, dividendos e juros de investimentos em carteira; e juros de empréstimos convencionais) cresceram 1.085% (passaram de US$ 2 bilhões para US$ 23,7 bilhões), enquanto, no mesmo período, o PIB cresceu 129% e o PIB per capita 42%. Assim, ao mesmo tempo em que o envio de renda ao exterior cresceu 10,9 vezes, o PIB cresceu 1,3 vez e o PIB per capita apenas 0,4 vez.

Observando mais detalhadamente esses dados, percebemos que, do ponto de vista de sua composição, essa despesa se altera com o passar do tempo. Os juros de empréstimos convencionais marcam os anos 1980 e são os responsáveis pelo surgimento da chamada "crise da dívida". A partir de meados dos anos 1990, outro componente começa a ganhar importância: as despesas provenientes de investimentos diretos, basicamente lucros e dividendos decorrentes da internacionalização dos ativos produtivos derivada das privatizações. Nestes primeiros anos do século XXI, graças à crescente internacionalização do mercado financeiro e ao aumento de importância do mercado de bônus (títulos da dívida pública brasileira cotados nos mercados internacionais), vêm se elevando as despesas decorrentes de investimentos em carteira, as quais constituem hoje a parcela mais importante desses gastos.

Independentemente de sua composição, o fato é que o crescimento dessas despesas assusta pela velocidade e pela magnitude já assumida, como mostram os Gráficos 5 e 6 – este último, aliás, destaca como essas despesas vão "saltando" de patamar. De 1947 até o fim dos anos 1970, elas ficam na faixa de US$ 0,5 bilhão a US$ 5 bilhões. Nos dois últimos anos dessa década transitam pela faixa de US$ 5 bilhões a US$ 10 bilhões e alcançam, em 1981, a faixa de US$ 10 bilhões a US$ 15 bilhões, na qual permanecem nos quinze anos seguintes. Entre 1995 e 1996, transitam pela faixa de US$ 15 bilhões a US$ 20 bilhões e, desde 1997, encontram-se na faixa de US$ 20 bilhões a US$ 25 bilhões.

Gráfico 5 – Serviços e rendas – Rendas (investimento direto + investimento em carteira + juros de outros investimentos + salários e ordenados) – Despesas (US$ milhões) – 1947-2004

Gráfico 6 – Rendas de investimentos – Despesas (US$ milhões) – 1947-2004

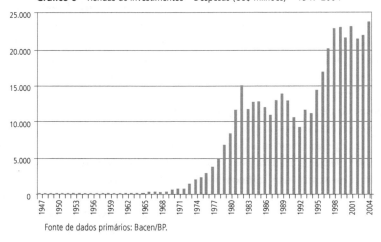

Fonte de dados primários: Bacen/BP.

Os dados constantes nos gráficos mostram de forma mais organizada aquilo que já é conhecido há algum tempo: a partir dos anos 1980, as economias hoje ditas emergentes passaram de importadoras a exportadoras líquidas de capital. No caso do Brasil, temos, de um lado, o declínio indiscutível da capacidade da economia brasileira de formar capital (dificuldade que começa no início dos anos 1980 e não para de crescer desde então) e, de outro, temos, no mesmo período, um crescimento também indiscutível e bastante acelerado das despesas com rendas de investimento (ou pagamento de serviços de fatores de produção). Exporta-se capital de modo crescente, enquanto cada vez menos capital é produzido internamente.

E, antes que se diga que estamos comparando bananas com laranjas (máquinas e construção civil com dólares), é preciso lembrar que, no caso de uma economia sem moeda forte como a brasileira, as divisas funcionam tão somente como capital, já que não constituem correntemente medida de valor e padrão de preços nem funcionam internamente como meio de troca. De modo concreto, isso significa que a importação de máquinas e equipamentos mais sofisticados e/ou de tecnologia (ambos elementos indispensáveis na periferia do sistema capitalista para uma formação bruta de capital fixo mais vigorosa) é potencialmente tanto maior quanto menores forem as despesas com pagamentos de renda a proprietários de fatores não residentes.

Isso tudo parece indicar que se altera em alguma medida a natureza da relação que prende o capitalismo periférico brasileiro (e talvez o latino-americano) ao centro do sistema. Retomemos, então, essa questão.

2. De dependência e servidão

Embora a natureza da relação centro–periferia de fato tenha sofrido transformações substanciais ao longo do tempo, o signo da dependência ainda é, em verdade, a imagem recorrente em toda a história latino-americana. No caso específico do Brasil, Paul Singer fez algumas provocações a respeito dessa linhagem submissa, dentro da qual nunca teríamos saído da condição de dependência. Em sua acepção, nossa linhagem dependente apenas teria mudado de forma, passando de uma inicial *dependência consentida* para uma *dependência tolerada* e, em seguida, para a atual *dependência desejada*[5].

---

[5]   Provocações feitas em um debate promovido pelo Instituto de Estudos Avançados da USP sobre a Teoria da Dependência; ver Paul Singer, "De dependência em dependência: consentida, tolerada e desejada", *Estudos Avançados*, São Paulo, v. 12, n. 33, maio/ago. 1998, p. 119-30.

80 • Brasil *Delivery*

Aquela por Singer denominada fase de dependência consentida (1822-1914) compreenderia o período no qual inexistiu qualquer dinâmica interna capaz de impulsionar o desenvolvimento. Um período no qual, mesmo nos momentos em que o Brasil entrava em confronto direto com os países adiantados, a relação de dependência jamais era questionada. Aos olhos de então não havia alternativas ao desenvolvimento senão pela crescente inserção subordinada no mercado mundial. "A dependência não era sentida nem ressentida como uma forma de subordinação, mas como um estágio pelo qual todos os retardatários tinham que passar"[6]; essa visão, graças a figuras como Walt Rostow[7], perdurou em boa parte do século XX.

Já no período marcado, segundo Singer, pela dependência tolerada (1914-1973), nós – e todos os demais chamados países em desenvolvimento – passáramos a depender dos países centrais para a obtenção de equipamentos, tecnologia, componentes e recursos de capital em larga escala. Assistindo à entrada de fatores que propiciavam uma dinamização interna da economia, a subordinação em questão era vista pela nova classe dominante como essencialmente provisória, algo que poderia ser superado tão logo a industrialização nos emparelhasse com os países mais adiantados.

E, finalmente, de 1973 até hoje, viveríamos sob a chamada dependência desejada, na qual os governos de todos os países, sem exceção, passaram a depender crescentemente do fluxo de capitais financeiros. Um período no qual a América Latina, ao longo da década de 1980, assistiu ao abandono do desenvolvimentismo, à abertura do mercado interno para as importações e à entrada incondicional dos capitais estrangeiros. Em suma, estaríamos assistindo, em outra clave, a um retorno à dependência consentida, pois mais uma vez teria se instaurado o consenso de que o processo em curso é inexorável e de que todos devem a ele se adaptar se quiserem desfrutar das possibilidades de desenvolvimento. "É como se os trinta anos de 'deglobalização'

---

[6] Paul Singer, "De dependência em dependência", cit., p. 120.

[7] Walt Whitman Rostow, que antecedeu Henry Kissinger, Colin Powell e Condoleezza Rice como conselheiro nacional de Segurança dos Estados Unidos, continuou ativo academicamente até pouco antes de sua morte, em 2003, exatos 43 anos após o barulho produzido por seu *The stages of economic growth: a non-Communist manifesto* (Cambridge, Cambridge University Press, 1960).

Investimentos e servidão financeira • 81

[1914-1945], somados aos trinta anos dourados [1945-1973], não passassem de um parêntese que a restauração da normalidade, na forma de hegemonia do grande capital privado sobre a economia capitalista, poderia fechar."[8]

É claro que tal classificação é muito mais uma provocação do que fruto de um processo rigoroso de análise. Mas nem por isso a ideia central dessa digressão faz menos sentido. Afinal, que estrutura de relação interestatal é essa em que todos aquiescem ao mesmo receituário econômico, ainda que continuem não recebendo as prometidas benesses? Que estrutura é essa em que mesmo as mais promissoras estatísticas da década de 1970 jamais entregaram o que prometeram?

E, de fato, por um bom tempo acreditou-se na promessa desses números. Éramos dependentes, sim, subordinados, por certo, mas assistíamos a taxas de crescimento jamais vistas na história da economia do país. Daí a crença numa espécie de novo círculo virtuoso da acumulação capitalista, no qual, mesmo dependentes, poderíamos, se aplicadas as políticas corretas, assistir ao desenvolvimento da periferia rumo a um patamar no qual, dentro em breve, não haveria mais distinções, pois todos teríamos lugar garantido no "Novo Renascimento"[9]. Tal era, de fato, o cerne do desdobramento lógico do modelo de desenvolvimento dependente e associado, formulado por Fernando Henrique Cardoso e Enzo Faletto – e radicalizado pelo primeiro[10]. Contra o diagnóstico corrente das teorias do imperialismo e da acumulação capitalista, Cardoso demonstrou que a nova fase de expansão do capital poderia, sim, levar à industrialização e ao desenvolvimento da periferia do sistema.

Embora os números apresentados na primeira parte deste artigo já desmontem, por si sós, o idílio desse diagnóstico, justiça seja feita: na década de 1960 Cardoso foi um dos poucos a vislumbrar os fundamentos

---

[8] Paul Singer, "De dependência em dependência", cit., p. 126.

[9] Fernando Henrique Cardoso, já como presidente, em versão *realpolitik* (*sic*); ver Fernando Henrique Cardoso, "Agenda para o século XXI", em *A utopia viável: trajetória intelectual de Fernando Henrique Cardoso* (Brasília, Presidência da República, 1995).

[10] A discussão mais detalhada desse desdobramento lógico foi desenvolvida por Christy Ganzert Pato, *A forma difícil do pensar em brasileiro: o marxismo smithiano de Fernando Henrique Cardoso* (Dissertação de Mestrado em Ciência Política, Faculdade de Filosofia, Letras e Ciências Humanas, Universidade de São Paulo, 2003).

82 • Brasil *Delivery*

da nova estrutura de dependência que se forjara e que, de modo contraditório, propiciaria as estatísticas assombrosamente positivas da década subsequente. Em sua tese de livre-docência, de 1963[11], ele já esboçara os contornos dessa nova estrutura do sistema capitalista e seus arranjos internos peculiares às economias nacionais. Pesquisando a ideologia e a nova face do empresariado brasileiro, percebera que há muito este não se encaixava na estratégia da "marcha para o desenvolvimento", calcada na aliança entre a burguesia nacional, o trabalhador e o Estado, todos unidos diante do capital internacional. Aprofundando sua teoria em 1971[12], num trabalho publicado logo após o estardalhaço de sua obra escrita com Enzo Faletto[13] e no qual procurava deslindar também as características do empresariado argentino, Cardoso já havia percebido novos padrões de relação entre as empresas industriais nacionais e o mercado internacional. A esse fenômeno deu o nome de "internacionalização do mercado interno", uma espécie de estrutura básica das "situações de dependência" que antevia, em muitos aspectos, a configuração mundial que surgiria, décadas depois, sob o rótulo de globalização.

Nessa nova realidade – que parece uma banalidade aos olhos de hoje, mas que, de fato, não era evidente nos anos 1950 ou 1960 –, observava-se que quanto mais moderno era o setor tanto mais fortes eram seus vínculos com o exterior. Contrariamente, quanto mais atrasado era o setor, tanto mais fracas essas relações, donde se desdobrava outro aparente truísmo, também comprovado por FHC em suas pesquisas: quanto mais vinculados ao exterior, menos favoráveis eram os empresários às alianças com o operariado, e vice-versa.

Dessa forma, Cardoso demonstrara que já não existia, na década de 1970, uma burguesia nacional disposta a aliar-se com os chamados setores populares, e que os únicos setores ainda alinhados a esse nacional-populismo seriam os que não haviam se reorganizado diante das transformações em curso. Em outras palavras, por não terem vocação

---

[11] Ver Fernando Henrique Cardoso, *Empresário industrial e desenvolvimento econômico no Brasil* (2. ed., São Paulo, Difusão Europeia, 1972).

[12] Ver idem, *Política e desenvolvimento em sociedades dependentes: ideologias do empresariado industrial argentino e brasileiro* (1. ed., Rio de Janeiro, Zahar, 1971).

[13] Ver Fernando Henrique Cardoso e Enzo Faletto, *Dependência e desenvolvimento na América Latina: ensaios de interpretação sociológica* (6. ed., Rio de Janeiro, Zahar, 1981).

política hegemônica, as burguesias industriais dos países dependentes não seriam a mola impulsora do processo de emancipação nacional, tal como preconizado por muitos teóricos ansiosos pela chegada das revoluções burguesas à periferia do sistema[14].

Assim, a análise dos empresários ligados ao capital externo permitira a conclusão sobre a existência de articulações entre os grupos sociais que, em seu comportamento concreto, ligavam de fato a esfera econômica à política. A chamada dependência mostrava-se assim não apenas como uma simples variável externa, mas como a expressão interna do próprio capital, como um tipo específico de relação entre as classes e grupos que implicava uma situação de domínio que mantinha estruturalmente a vinculação econômica com o exterior. E, no entanto, a nova face desse sistema, a internacionalização do mercado interno nos países periféricos, abrira a possibilidade estrutural para a compatibilidade entre dependência política e desenvolvimento econômico[15], invalidando assim a crença de que o desenvolvimento só seria possível por meio de uma aliança entre empresa nacional e Estado que enfrentasse o poderio do grande capital multinacional.

Cardoso por certo não previu que a década de 1970, no Brasil, assistiria a uma variação real do PIB de 131,26% e a uma variação real do PIB per capita de 76,17%. Tampouco apoiou, por isso, o governo militar. Mas identificou justamente o surgimento desse novo arranjo, no qual o regime capitalista produzia vínculos entre o capital externo e a estrutura interna dos países da periferia, conduzindo-os a uma reorganização administrativa, tecnológica e financeira, que implicava a reordenação das formas de controle social e político[16]. No caso específico do Brasil e de alguns países da América Latina, a reorganização do Estado mediante a reorganização do próprio regime político deu-se de forma a permitir uma centralização autoritária, necessária à consolidação do modo capitalista de produção nas economias dependentes. Assim, os sedutores números da década de 1970 pareciam confirmar o diagnóstico inicial sobre o surgimento de uma

---

[14] Fernando Henrique Cardoso, *Política e desenvolvimento em sociedades dependentes*, cit., p. 197.

[15] Ibidem, p. 198-9.

[16] Fernando Henrique Cardoso e Enzo Faletto, *Dependência e desenvolvimento na América Latina*, cit., p. 128.

84 • Brasil *Delivery*

nova etapa de desenvolvimento, na qual se articulavam a economia do setor público, as empresas monopolistas internacionais e o setor capitalista moderno local, naquilo que ele chamou de "tripé do desenvolvimento-associado"[17]. Contudo, quando inseridos no contexto de uma série mais longa, tais números, ao não se sustentarem por muito tempo, indicam não o surgimento de uma nova etapa de desenvolvimento – algo que não pode ser confundido com industrialização –, mas a emergência de uma nova configuração do próprio capital, em que a industrialização da periferia se tornou necessária para a nova plataforma de valorização que começava a surgir e que, de início, necessitava da internacionalização da própria produção, embora prescindisse de seu desenvolvimento posterior.

Mas antes de dar nome aos bois, lembremos, acerca de um dos pilares necessários à gênese desse fenômeno – o investimento externo direto – IED) –, do "Projeto Harvard sobre a Empresa Multinacional", um estudo em larga escala desenvolvido de 1965 até o início da década de 1970, cujo coordenador-geral era Raymond Vernon. O mote inicial do estudo era que, "de uma hora para outra, parece que os Estados soberanos começaram a sentir-se destituídos"[18], demonstrando-se a partir daí que o agente principal dessa transformação era a empresa multinacional. As perguntas então na ordem do dia relacionavam-se à nova configuração de poder que esse agente estava produzindo, uma vez que uma empresa como a GM tinha vendas anuais em torno de US$ 25 bilhões, montante superior, à época, ao produto nacional bruto de nada menos que 130 países.

No diagnóstico de Vernon, entre 1967 e 1968, 561 matrizes eram responsáveis por 90% do investimento direto norte-americano no exterior[19], mas para os critérios do estudo foram consideradas apenas 187 empresas como aptas a receber o rótulo de empresas multinacionais. Essas 187 compreendiam não só as empresas manufatureiras mais conhecidas, com importantes investimentos no exterior, como também todas as principais empresas norte-americanas produtoras de matérias-primas.

---

[17] Fernando Henrique Cardoso, *As ideias e seu lugar: ensaios sobre as teorias do desenvolvimento* (2. ed., Petrópolis, Vozes, 1995), p. 107.

[18] *Soberania ameaçada: a expansão multinacional das empresas americanas* (São Paulo, Pioneira, 1978), p. 1.

[19] Ibidem, p. 23, nota 1.

Ressalte-se ainda que no grupo das quinhentas maiores empresas, da revista *Fortune*, 180 eram responsáveis por mais de 2 mil das 2,5 mil subsidiárias estrangeiras de todo o grupo de empresas da lista.

Em 1965, uma pesquisa feita pelo Departamento de Comércio dos Estados Unidos, abrangendo 264 matrizes norte-americanas e suas subsidiárias estrangeiras, mostrou que essas empresas foram responsáveis por cerca de metade de todas as exportações norte-americanas de bens manufaturados, e as transações entre matrizes e filiais representavam cerca de um terço desse montante[20].

Diante desses dados, o autor da pesquisa não tinha dúvidas sobre a importância das multinacionais para a economia dos Estados Unidos, mas perguntava-se qual seria a importância dos interesses dessas empresas para as economias dos outros países em que atuavam. E, nesse caso, a rubrica "outros países" compreendia não apenas a periferia do sistema, mas também o próprio centro. Lembre-se, por exemplo, que na década de 1960 as empresas norte-americanas controlavam 100% da indústria de rolamentos e a maior parte da indústria de equipamentos elétricos pesados na Itália. Controlavam, ainda, mais de 75% da produção de grafita e 40% do ramo de computadores na Grã-Bretanha, além de responderem por mais de 90% da produção de grafita, mais de 40% da indústria de equipamento telegráfico e telefônico e mais de 35% da produção de tratores e máquinas agrícolas da própria França[21]!

Não à toa, a década de 1970 cunhou um novo termo para as relações interestatais. A moda de então era o termo "interdependência". "Nós crescemos porque nossa economia depende de vocês, e a sua economia cresce porque depende da relação com a nossa." Um neologismo barato para o mesmo fenômeno que Cardoso antecipara, embora não de forma tão simplista e idílica[22].

Com efeito, se atentarmos para os resultados da balança de pagamentos dos países envolvidos, veremos que eles pesavam muito mais na conta da periferia do que na dos países centrais. Em verdade, de

---

[20] Ibidem, p. 12.

[21] Ibidem, p. 20.

[22] A versão ufanista do "Novo Renascimento" viria somente anos mais tarde, eliminando de vez a já inicial falta de negatividade contida na ideia de desenvolvimento dependente.

86 • Brasil *Delivery*

1960 a 1968, aproximadamente US$ 1 bilhão em novos recursos era transferido anualmente às subsidiárias norte-americanas em países menos desenvolvidos. Mas, em contrapartida, US$ 2,5 bilhões eram remetidos anualmente, sob a forma de lucros e dividendos, apenas às matrizes norte-americanas[23]. O Brasil respondeu, ao longo da década de 1970, por uma remessa anual média de US$ 314 milhões, relativos apenas a despesas de lucros e dividendos de investimentos diretos; esse número saltou para médias anuais de US$ 969 milhões, US$ 2.589 milhões e US$ 4.477 milhões nas décadas de 1980 e 1990 e no período de 2000 a 2004, respectivamente. Em termos relativos ao PIB, tais remessas apresentaram, nos mesmos períodos citados (décadas de 1960, 1970, 1980 e 1990 e primeiros cinco anos de 2000), médias anuais de 0,14%, 0,25%, 0,36%, 0,42% e 0,85%, respectivamente[24]. E, no entanto, a aparente sinergia que se configurara na relação de dependência apresentada na década de 1970, quando obtivéramos nossos melhores perfis estatísticos, não acompanhou o aumento desses indicadores de nossa suposta "interdependência" virtuosa. De fato, passado o surto de industrialização periférica decorrente da internacionalização da produção calcada na empresa multinacional[25], o processo retoma, na década de 1990, seu curso normal de concentração e centralização na aplicação de recursos produtivos. Vejamos[26]:

- De 1986 a 1990, as exportações mundiais cresceram à média anual de 14,3%, e o fluxo de investimento direto estrangeiro cresceu à média de 24,7%. Entre 1991 e 1993, esse crescimento cresceu foi, em média, de 3,8% e 12,7%, respectivamente, enquanto em 1995 foi de 18% e 40%.
- Em 1995, 92% do estoque total de investimento direto estrangeiro, medido pela saída, originou-se dos países desenvolvidos, mas 73% desse mesmo estoque, medido pelo ingresso, também se encontrava nos países desenvolvidos.

---

[23] Raymond Vernon, *Soberania ameaçada*, cit., p. 186-7.

[24] Números calculados a partir do Balanço de Pagamentos do Brasil, disponível em <www.bcb.gov.br>.

[25] Multinacional esta que progressivamente assume seu verdadeiro interesse apátrida, tornando-se transnacional.

[26] Os dados a seguir provêm de: Unctad, *World Investment Report* (Genebra, United Nations Publication), relatórios de 1991 a 1996.

Investimentos e servidão financeira • 87

- Cerca de 90% das sedes das empresas transnacionais estavam localizadas em países desenvolvidos, enquanto 40% das subsidiárias se encontravam em países em desenvolvimento.
- De 1994 a 1995, 90% do crescimento do investimento direto estrangeiro observado correspondeu a investimentos em países desenvolvidos.
- Estados Unidos, Alemanha, Reino Unido, Japão e França responderam por cerca de dois terços das saídas de investimento direto estrangeiro em 1995[27].

Ora, se ao fim e ao cabo a tônica continua sendo a da concentração do fluxo de investimentos entre os países centrais – a tríade, como prefere Chesnais[28] –, onde entramos nós, a periferia, nesse processo? Assim, se nas décadas de 1940 e 1950 Caio Prado Jr. e Celso Furtado se perguntavam sobre o sentido da colonização, cabe-nos agora indagar sobre o sentido da industrialização. Havíamos deixado suspensa a afirmação de que a industrialização da periferia era absolutamente necessária à nova plataforma de valorização que começava a surgir. Retomemos o fio da meada que leva a essa nova plataforma: a esfera financeira.

Ainda que parcela considerável – e crescente – das transações financeiras não tenha nenhuma contrapartida no nível real da economia, a esfera financeira alimenta-se da riqueza criada pelo investimento na produção e pela mobilização de nova força de trabalho. O descolamento entre essas instâncias, a gradativa reconstituição de uma massa de capitais que procura se valorizar de forma exclusivamente financeira (como capital de empréstimo), só pode ser compreendida se forem levadas em conta as crescentes dificuldades de valorização do próprio capital investido na produção. Em termos históricos, os lucros não repatriados, mas também não reinvestidos na produção, e depositados no setor offshore, em Londres, levaram o mercado de eurodólares à sua arrancada antes que o choque do petróleo o fizesse. Assim, os créditos

---

[27] Talvez não seja demais lembrar que, das 373 mudanças legislativas observadas em vários países monitorados pela Unctad no período de 1991 a 1994 e relativas aos regimes nacionais para investimento estrangeiro, apenas cinco não visaram maior liberalização e desregulamentação.

[28] A tríade de que fala Chesnais – e na qual se concentra o fluxo de IED – é formada por Europa, Estados Unidos e Japão; ver François Chesnais, *A mundialização do capital* (São Paulo, Xamã, 1996).

88 • Brasil *Delivery*

concedidos aos países em desenvolvimento criaram o primeiro processo, no período contemporâneo, de transferência de riquezas em larga escala. E as sucessivas transferências dos juros devidos pela obtenção de créditos bancários dos consórcios dos países capitalistas avançados para as instituições financeiras desses países fizeram que a esfera financeira se consolidasse ainda mais[29].

A industrialização da periferia, portanto, responde ao mesmo tempo aos anseios de um capital que buscava novas praças de investimento produtivo, em razão das crescentes dificuldades de valorização observadas no centro do sistema, e aos anseios de uma esfera financeira em vias de expansão e autonomização, que exigia, portanto, não só a expansão dessas praças – afinal, a própria moeda fiduciária envolvida no fluxo de renda de investimentos diretos é, em si, uma forma de capital fictício[30] –, mas, principalmente, a canalização de seus fluxos para os mecanismos de valorização que ela própria começa a criar. Em outras palavras, enquanto a vinda do capital produtivo para a periferia dava uma sobrevida ao processo de acumulação estritamente produtivo – que perdera o fôlego após o esgotamento das possibilidades abertas pela reconstrução do pós-guerra –, já se preparavam as condições para a dominância financeira que advinha.

Na primeira etapa do advento dessa dominância, nos anos 1970, a periferia aparece como a demanda que faltava, num mundo em crise aberta depois do choque do petróleo, para a absorção da abundante oferta de crédito e liquidez então existente. Numa segunda etapa, ela surge como mercado emergente, no sentido de um *locus* de valorização financeira sempre possível, mas guarnecido agora dos instrumentos (ativos cotados em bolsas) e da política econômica (princípios neoliberais) necessários para maximizar o ganho, minimizando riscos e evitando sustos, como o da onda de moratórias que assolou o continente latino-americano nos anos 1980[31]. O sistema não se perpetuou em

---

[29] François Chesnais, "Introdução geral", em *A mundialização financeira: gênese, custos e riscos* (São Paulo, Xamã, 1998), p. 15-7.

[30] Robert Guttmann, "As mutações do capital financeiro", em François Chesnais (org.), *A mundialização financeira*, cit.

[31] Não por acaso Luiz Gonzaga de M. Belluzzo, em *Ensaios sobre o capitalismo do século XX* (São Paulo/Campinas, Editora Unesp/Unicamp-Instituto de Economia, 2004), denomina "ditadura dos credores" a esse novo momento de ascenso das altas finanças ao comando mundial do sistema capitalista.

sua primeira etapa porque, a despeito dos gigantescos lucros auferidos no período, não suportou o efeito Volcker (aumento exponencial das taxas de juros norte-americanas no fim dos anos 1970), o que levou à crise das dívidas do início da década de 1980 e às primeiras fases de um amplo movimento de desregulamentação monetária e financeira, que ensejariam a passagem para a segunda etapa. A industrialização, portanto, se insere num movimento de internacionalização financeira indireta dos sistemas nacionais fechados, a antessala daquilo que viria a se consolidar somente após a securitização da dívida externa dos países da periferia e a formação, nesses países, de mercados de bônus nacionais interligados aos mercados financeiros dos países do centro do sistema[32].

Eis, pois, nosso palpite inicial sobre o sentido da industrialização[33]: diversamente da mera aparência fenomênica contida no diagnóstico dependentista sobre a internacionalização dos mercados internos – que jogava com a ideia de homogeneização do capital e, portanto, do espraiamento das possibilidades de desenvolvimento, desde que se soubesse jogar as regras do jogo –, a internacionalização da produção foi apenas o substrato necessário ao desenvolvimento ulterior da verdadeira cabine de comando do capitalismo contemporâneo; a esfera financeira, agora finalmente mundializada[34].

Se estivermos certos sobre o sentido da industrialização – e lembrando dos indicadores decrescentes arrolados na primeira parte deste texto –, a própria natureza da relação que prende o capitalismo periférico brasileiro ao centro do sistema não pode mais ser definida como de "dependência", pelo menos não no mesmo sentido em que

---

[32] François Chesnais, "Introdução geral", cit., p. 23-31.

[33] Usamos o termo "palpite" porque tal hipótese se insere no contexto de um trabalho ainda em desenvolvimento no grupo de pesquisa sobre Instituições do Capitalismo Financeiro – Cafin, na USP (registrado no CNPq).

[34] Quando estuda os ciclos de reprodução, muito antes de enfrentar teoricamente a discussão sobre o capital a juros, diz Marx sobre a verdadeira natureza do capital: "[no ciclo global do capital] o processo de produção aparece apenas como elo inevitável, como mal necessário, tendo em vista fazer dinheiro. Todas as nações de produção capitalista são, por isso, periodicamente assaltadas pela vertigem de querer fazer dinheiro sem a mediação do processo de produção"; ver Karl Marx, *O capital: crítica da economia política* (trad. Regis Barbosa e Flávio R. Kothe, São Paulo, Abril Cultural, 1983, Coleção Os Economistas), Livro II, p. 44.

90 • Brasil *Delivery*

o termo foi usado anteriormente. Afinal, ainda que a dependência, como forma de expressão interna do próprio capital, comportasse a assimetria, sua legitimação entre as classes e grupos sociais decorria da compatibilidade estrutural entre dependência política e desenvolvimento econômico (mesmo que mera industrialização). Ou seja, a legitimação do processo – a interversão do econômico no político – se dava pelos acenos da possibilidade de ganhos mútuos.

Mas e agora? Qual é o fundamento da legitimação de um processo no qual todos aquiescem ao mesmo receituário econômico, mesmo não recebendo as prometidas benesses? Perguntemo-nos: "que monstro de vício é esse que ainda não merece o título de covardia, que não encontra um nome feio o bastante, que a natureza nega ter criado e a língua se recusa a nomear?"[35].

Antes de avançarmos em nosso palpite para a solução desse enigma, cabe um pequeno parêntese. Logo após a publicação, em 1946, de seu *Studies in the development of capitalism*[36], Maurice Dobb iniciaria um longo debate acerca da transição do feudalismo para o capitalismo. Nesse debate – que envolveu figuras como Paul Sweezy, Rodney Hilton, Christopher Hill e H. Kohachiro Takahashi –, uma das grandes preocupações dizia respeito a como, afinal, se dava, no mundo feudal, a interversão do econômico no político. Em outras palavras, qual era o substrato que dava sentido e sustentação às relações de servidão como simultânea expressão política e fundamentação econômica do modo de produção de uma época? Entendida a servidão como uma obrigação imposta ao produtor pela força, independentemente da sua vontade, para satisfazer as exigências econômicas do senhor (*overlord*) – quer tais exigências tomassem a forma de serviços a prestar quer surgissem como taxas a pagar em dinheiro ou em espécie –, Dobb definiu o feudalismo como virtualmente idêntico à própria concepção de servidão[37]. Ou seja, diante da preocupação em definir o feudalismo

---

[35] Inevitável retomar as mesmas indagações de Étienne de La Boétie, feitas há mais de quatrocentos anos, acerca da servidão voluntária; ver Étienne de La Boétie, *Discurso da servidão voluntária* (trad. Laymert Garcia dos Santos, 3. ed., São Paulo, Brasiliense, 1986), p. 13.

[36] Traduzido no Brasil sob o título *A evolução do capitalismo* (2. ed., São Paulo, Nova Cultural, 1986, Coleção Os Economistas).

[37] Ibidem, p. 27.

como um modo de produção, Dobb procurou ressaltar aquilo que, em sua visão, melhor resumia não só a relação política entre senhor e servo, mas o conteúdo socioeconômico dessa obrigação que os conectava. A palavra servidão lhe caía bem, pois traduzia o feudalismo tanto como modo de produção da vida material quanto como processo de vida social.

Sweezy criticou tal definição, apontando sua imprecisão e generalidade, haja vista que "a servidão pode existir em sistemas que nada têm de feudal; e mesmo quando relação dominante de produção, a servidão tem estado, em diferentes épocas e em diversas regiões, associada a diferentes formas de organização econômica"[38]. Curioso lembrar ainda que o próprio Engels escrevera, numa de suas últimas cartas a Marx, que "a servidão e a dependência não são uma forma peculiarmente medieval-feudal, encontramo-las por toda parte ou em quase toda parte onde os conquistadores possuem a terra cultivada para eles pelos velhos habitantes"[39].

Esse longo parêntese, que em verdade é um pisar em ovos, presta-se apenas a antecipar ao leitor o caráter potencialmente controverso de nossa solução ao enigma enunciado. Da mesma forma que a palavra dependência se mostrou não limitada a contextos históricos específicos – servindo para nominar os períodos de dominação colonial explícita, mas podendo representar também, como foi o caso na década de 1970, o conteúdo socioeconômico de uma relação política moderna –, suspeitamos que o caráter do vínculo que prende hoje o capitalismo periférico brasileiro ao centro do sistema só pode ser definido em termos de servidão.

À primeira vista, imagina-se que a servidão só exista para um pela vontade de outro. O escravo procedendo do senhor. Mas, nessa fórmula, é obscurecido amiúde o verdadeiro fato a ser interrogado: de que forma tantos homens, tantas cidades, tantas nações suportam muitas vezes um tirano só, que não possui nada mais do que o poderio que eles próprios lhe dão? Como entender, portanto, que o senhor procede do escravo? Como entender que a relação senhor–escravo, antes de ser a relação entre dois elementos realmente separados, possa

---

[38] "Uma crítica", em Paul Sweezy et al., *Do feudalismo ao capitalismo* (Lisboa, Dom Quixote, 1971), p. 20.

[39] Friedrich Engels apud Paul Sweezy, ibidem, p. 20.

92 • Brasil *Delivery*

ser interna ao mesmo sujeito? Em outras palavras, parece-nos que para bem compreender hoje a relação que nos prende ao centro do sistema é preciso entender não o consentimento à dominação – algo muito mais próximo do conteúdo da relação de dependência tal como ela havia sido até agora diagnosticada –, mas a obstinada vontade de produzi-la, algo só apreensível pelo conceito de servidão, no caso, servidão financeira.

E para que não nos acusem de funcionalismo exacerbado, lembremos que essa passagem da dependência à servidão não é nada estranha ao fato de as elites brasileiras nunca terem se importado muito com sua crônica heteronomia. É bem verdade que, por conta de ventos históricos muito particulares, elas foram empurradas à aventura do desenvolvimento autônomo e soberano. Mas, superada essa fraqueza momentânea (e cheia de riscos – o Brasil quase foi dominado pelas forças populares no início dos anos 1960!), voltaram à sua posição usual: submissa, mas tranquila[40].

Colocado o problema em outros termos, pode-se dizer que a dependência que FHC, com déficit de negatividade, diagnosticara era pressuposta, uma dependência que se negava na possibilidade de vir a ser superada pelo desenvolvimento do elo dominado da relação. Tratava-se, portanto, de uma espécie de combinação de dependência com modernidade, de relação hierárquica com possibilidade de ascensão. A posição efetiva da dependência, sua configuração como servidão – que implica a vontade do servo na reprodução da relação servil (a dependência desejada) –, só ocorreria mais tarde. Seria preciso a consolidação do regime de acumulação sob dominância financeira e a posição da periferia latino-americana como plataforma de valorização financeira internacional para que a dependência encontrasse uma forma de existência adequada a seu conceito. Há, portanto, certa congruência entre, de um lado, uma dependência que se põe inicialmente como o inverso de si mesma, visto que era percebida como desenvolvimento, e, de outro, o fato de a industrialização da periferia poder ser vista como um dos momentos iniciais do desenvolvimento do regime de acumulação sob dominância da valorização financeira.

---

[40] Além do mais, a possibilidade, hoje maior do que nunca, de desterritorializar a riqueza tornou essa posição ainda mais confortável.

Olhando mais concretamente para o movimento, diríamos que, sem o "desenvolvimento" que a relação de dependência produziu por aqui, não estaríamos hoje guarnecidos das condições materiais necessárias para nossa transformação em plataforma de valorização financeira internacional. (Ou será que há outra explicação para o fato de os países africanos não poderem desempenhar esse mesmo papel?) Mas condições materiais podem não bastar, e não bastavam. A herança do mundo regulado e potencialmente inflacionário, humanamente condescendente e estatizante da etapa anterior exigia profundas transformações institucionais para que essa condição material se transmutasse em condição efetiva para a posição do Brasil como mercado "emergente".

No início dos anos 1990, o advento do neoliberalismo como doutrina e coleção de práticas de política econômica veio preencher a lacuna que faltava para que essa transformação institucional tivesse lugar. Travestida em pregação pela "modernização" do país, empurrada pelo argumento de que estaríamos perdendo o bonde da história e a possibilidade de adentrar no admirável mundo novo da globalização, a doutrina neoliberal funcionou como discurso de convencimento, num país recentemente redemocratizado e com o movimento de massas se institucionalizando, para que se operassem as mudanças que nos colocariam decisivamente no papel de prestamistas (no sentido de prestacionistas). Tomadas essas providências, o *delivery*[41] do país estaria pronto. Vamos a elas então.

3. Da era neoliberal e de suas providências

O Brasil do final dos anos 1980 não estava adequadamente preparado para desempenhar seu papel na nova etapa da mundialização financeira. Em primeiro lugar, as altas taxas de inflação que persistiam por aqui produziam abruptas oscilações no nível geral de preços e em sua variação. Naquelas condições, complicava-se sobremaneira o cálculo financeiro que comanda a arbitragem com moedas e a especulação que visa a ganhos em moeda forte (a taxa de câmbio real e a taxa real de juros sofrem contínuas oscilações). De outro lado, com o caráter fortemente centralizado e regulado da política cambial de então, a valorização financeira porventura alcançada não tinha a liberdade necessária para

---

[41] Vide o primeiro artigo desta coletânea.

94 • Brasil *Delivery*

pôr-se a salvo, em caso de turbulência. Portanto, não só os ganhos eram incertos, como não havia segurança de que seriam efetivamente auferidos, na eventualidade de existirem.

Outro problema, também provocado pela persistência do fenômeno da alta inflação[42], era a dificuldade de controlar os gastos do Estado. No caso do Brasil, cuja história é muito particular no que concerne ao processo de indexação[43], a complicação era ainda maior, ensejando a criação de um sem-número de conceitos de déficit para lidar com a situação. A dificuldade em perceber a exata dimensão dos gastos públicos não parecia uma boa credencial para um país disposto a entrar no circuito mundial de valorização financeira. Tendo em vista o caráter rentista desse tipo de acumulação, e considerando que uma de suas bases mais importantes é a dívida pública, a anarquia nos gastos públicos produzida pela alta inflação era uma complicação e tanto, pois precarizava a extração de renda real que deve valorizar esse "capital caído do céu", em que se constituem esses papéis[44]. Nessas condições, como poderia o país ser considerado um emergente mercado financeiro?

Segundo o discurso neoliberal que começa a ser dominante no início dos anos 1990, o Estado não dava conta de sua tarefa de preservar a estabilidade monetária e organizar as contas públicas também por conta de seu peso demasiado grande, herança perversa de um tempo em que se imaginara que o desenvolvimento nacional soberano era possível na periferia e que o Estado era o instrumento mais importante para tornar efetiva essa possibilidade. Ora, um Estado com tantas demandas e tantas tarefas não tinha como garantir ganhos reais às aplicações financeiras nem como se "especializar" na administração das finanças e na gestão da moeda, condições imprescindíveis para considerar determinado país como "mercado emergente".

---

[42] "Alta inflação" foi o termo encontrado para designar fenômenos inflacionários como os do Brasil, em que os níveis gerais de preços nem se comportavam de forma "civilizada" nem descambavam para a hiperinflação, permanecendo por longo tempo na casa dos dois dígitos ao mês.

[43] A esse respeito ver Leda Paulani, "Teoria da inflação inercial: um episódio singular na história da ciência econômica no Brasil?", em Maria Rita Loureiro (org.), *50 anos de ciência econômica no Brasil: pensamento, instituições e depoimentos* (Petrópolis, Vozes, 1997).

[44] A expressão é de Marx, que considera a dívida pública como um típico exemplar de capital fictício; vide o capítulo XXIV do Livro I de *O capital*, cit.

O ambiente no qual os negócios aconteciam também não ajudava. Como convencer os capitais da seriedade do país na disposição de impulsionar o ganho financeiro com uma legislação que, em caso de colapso empresarial, punha à frente dos direitos dos credores financeiros os direitos dos empregados (dívidas trabalhistas) e os direitos do Estado (dívidas tributárias)? Como garantir que os recursos do Estado seriam prioritariamente canalizados para honrar os compromissos financeiros se os governantes não eram submetidos a um rigoroso controle de suas ações?

Na questão previdenciária, havia mais um sério obstáculo para que o país se integrasse de imediato na nova etapa da mundialização financeira. Nosso sistema previdenciário era marcado pelo regime de repartição simples, caracterizado pela solidariedade intergeracional e pela posição do Estado como seu principal ator. Esse sistema não combinava com os novos tempos, não só por conta do peso inaceitável dessas despesas no orçamento público, como pela falta, sentida no setor privado, de um mercado substantivo e promissor, até então praticamente monopolizado pelo Estado.

Por fim, a Constituição de 1988 era absolutamente incompatível com as pretensões rentistas da nova etapa. Com o orçamento engessado por inúmeras vinculações obrigatórias, o Estado tinha pouca liberdade para promover políticas que, supostamente destinadas a sustentar o equilíbrio das contas públicas, visavam na realidade abrir espaço para sua atuação como lastreador do pagamento do serviço da dívida pública.

Era evidente, portanto, que, se o Brasil quisesse entrar na nova etapa do jogo financeiro internacional, profundas transformações teriam de ser feitas no quadro institucional em que se movia a economia do país. E elas foram feitas. Como já mencionamos, a difusão cada vez maior do discurso neoliberal produziu, desde o governo Collor, os argumentos necessários para promover, num país recém-democratizado, com um ativo movimento social e ainda comemorando as "conquistas" de 1988, esse tipo de mudança. No início do que se pode chamar de uma "era neoliberal", Collor foi eleito, contra o projeto popular representado por Lula e o PT, com o discurso do "social-liberalismo", enfeitado pela bravata da "caça aos marajás". Desde então passou a ser voz corrente a inescapável necessidade de reduzir o tamanho do Estado, privatizar empresas estatais, controlar gastos públicos, abrir a economia etc. Collor

96 • Brasil *Delivery*

não teve tempo para pôr em marcha esse projeto – a não ser, muito timidamente, o processo de privatização –, mas a referida pregação ganhou força inegável e passou a comandar todos os discursos.

É no governo Itamar que terão lugar as primeiras mudanças de peso a fim de preparar o país para sua inserção no circuito internacional de valorização financeira. Em 1992, a diretoria da área externa do Banco Central, em meio às negociações para internacionalizar o mercado brasileiro de títulos públicos e securitizar a dívida externa, resolvendo a pendência que vinha desde 1987, encarregava-se também de promover a desregulamentação do mercado financeiro brasileiro e a abertura do fluxo internacional de capitais. Por meio de uma alteração no funcionamento das contas CC5 feita sem o beneplácito do Congresso (o que implica crime, visto que a mudança altera a lei federal de 1962 que criou essas contas), o Bacen abriu a possibilidade de qualquer agente remeter recursos em moeda forte ao exterior, bastando para tanto depositar recursos em moeda doméstica na conta de uma instituição financeira não residente[45].

Formalizada a abertura financeira, impunha-se a necessidade de resolver o problema inflacionário. Assim, ainda no governo Itamar, surge o Plano Real, que catapulta FHC, então ministro da Fazenda, para a Presidência da República. Vendido como mero plano de estabilização, absolutamente necessário tendo em vista os problemas produzidos pela persistência da alta inflação (desestruturação das cadeias produtivas, elevado imposto inflacionário, que prejudica principalmente as classes de renda mais baixa, deterioração da capacidade fiscal do Estado etc.), o Plano Real foi em verdade muito mais do que isso. Em primeiro lugar, ele resolveu o problema que impedia praticamente o funcionamento do país como plataforma de valorização financeira internacional. Mesmo com a abertura financeira já tendo sido formalmente operada, ela permaneceria letra morta, do ponto de vista de suas potencialidades em termos de atração de capitais externos de curto prazo, se o processo inflacionário não tivesse sido domado. Além disso, o plano abriu espaço para uma série de outras mudanças que teriam lugar no governo de FHC. A abertura da economia, as privatizações, a manutenção da sobrevalorização da moeda brasileira, a

---

[45] Para maiores detalhes sobre essa operação, vide o segundo artigo desta coletânea.

elevação inédita da taxa real de juros, tudo passou a ser justificado pela necessidade de preservar a estabilidade monetária conquistada pelo Plano Real[46].

É no mesmo contexto que se deve analisar a edição, em maio de 2000, da Lei Complementar nº 101 (Lei de Responsabilidade Fiscal – LRF), dispositivo que acabou por estabelecer uma hierarquia nos gastos públicos que coloca em primeiríssimo e indisputável lugar o credor financeiro, em detrimento da alocação de recursos com fins distributivos (políticas de renda e políticas públicas de modo geral) e da viabilização de investimentos públicos. O governo federal, no entanto, escapa da sanha da LRF, visto que não impõe nenhum controle ou sanção aos que decidem a política de juros e elevam a dívida pública do país em favor dos credores nacionais e internacionais.

Os oito anos FHC produziram, ainda, uma série de benefícios legais aos credores do Estado e ao capital em geral. Em dezembro de 2001, atendendo a uma promessa feita ao FMI, o governo aprovou a Emenda Constitucional nº 37, que isenta da incidência de CPMF os valores aplicados em bolsas de valores. Também passou a ser isenta de imposto de renda a distribuição de lucros de empresas a seus sócios brasileiros ou estrangeiros e a remessa de lucros ao exterior[47].

Dentro do espírito de guarnecer o país dos dispositivos institucionais necessários para sua inserção na mundialização financeira, o governo FHC promoveu ainda uma mudança substantiva no sistema previdenciário. Conforme adiantado, o sistema previdenciário brasileiro era estruturado predominantemente pelo regime de repartição simples e constituía praticamente um monopólio do Estado. Argumentando que os déficits previdenciários produzidos pelo sistema previdenciário acaba-

---

[46] Por essas e por outras é que se pode dizer que, a partir do Plano Real, há um sentimento difuso de "emergência econômica", no sentido de exceção, que acompanha a emergência do país como promissor mercado financeiro. Tudo se passa como se aos poucos estivesse sendo decretado um estado de exceção econômico que justificasse qualquer barbaridade em nome da necessidade de salvar o país, ora do retorno da inflação, ora da perda de credibilidade, ora da perda do bonde da história. A esse respeito, aliás, tudo indica que o estado de exceção, antes difuso, tenha sido definitivamente decretado no governo Lula. Pesquisa sobre esse tema está sendo implementada por Leda Paulani no Cafin/USP.

[47] As informações foram retiradas de Maria Lúcia Fattorelli, "A grande sangria", *Reportagem*, n. 57, jun. 2004.

98 • Brasil *Delivery*

riam por sufocar o Estado[48], o governo promove uma série de alterações. A consequência mais importante dessa transformação é o aumento da importância da previdência privada, que passa a ser necessária para complementar a futura aposentadoria. Começa assim a ser construído o mercado privado de previdência, já há alguns anos reivindicado pelo sistema financeiro.

Ao contrário do que ocorre no regime de repartição simples[49], no regime de capitalização, que caracteriza o mercado privado, não há solidariedade intergeracional. Cada um responde apenas por si e tem um retorno futuro proporcional à sua capacidade de pagamento corrente. Aos gestores desses fundos cabe administrar os recursos depositados por longo período de tempo, de modo que garanta o rendimento financeiro necessário para honrar os compromissos previdenciários futuros. Sendo assim, esse regime busca maior liquidez no menor período de tempo e com o menor risco possível, o que torna os títulos de renda fixa, particularmente os títulos da dívida pública, os ativos por excelência de seus portfólios. É claro que, dada essa lógica, os fundos de pensão serão tão mais bem-sucedidos quanto maiores forem as taxas de juros. Por outro lado, quando aplicam em renda variável (ações), eles buscam evidentemente aqueles papéis com maior capacidade de valorização – esses papéis são, hoje, aqueles pertencentes às empresas que melhor executam os programas de downsizing, de terceirização e de flexibilização de mão de obra. Assim, o equilíbrio financeiro desses fundos está na dependência de um comportamento

---

[48] Cabe registrar que esse tipo de cálculo considera sempre como gasto previdenciário aquilo que não pode ser tomado como tal. A aposentadoria rural, empurrada goela abaixo dos conservadores pela Constituição de 1988, é efetivamente um grande programa de renda mínima, talvez o maior do continente, já que esse benefício se tornou um direito do trabalhador rural, tenha ele contribuído ou não – uma vez que seja – para o sistema previdenciário. Assim, os recursos despendidos com o pagamento desse tipo de benefício, apesar de integrarem o grupo de gastos relacionados à seguridade social, não podem ser entendidos como gastos previdenciários, aproximando-se mais dos gastos relativos a programas compensatórios de renda. Os especialistas no tema dizem, aliás, que é esse o verdadeiro programa de renda mínima do Brasil (cf. Rosa M. Marques e Áquilas Mendes, "O governo Lula e a contrarreforma previdenciária", *São Paulo em Perspectiva*, São Paulo, v. 18, n. 3, 2004).

[49] Retomamos aqui argumentos já desenvolvidos em Leda Paulani, "Quando o medo vence a esperança: um balanço da política econômica do primeiro ano do governo Lula", *Crítica Marxista*, Campinas, n. 19, out. 2004.

das variáveis macroeconômicas-chave que é perverso do ponto de vista do crescimento e do emprego, pois joga no sentido da elevação dos juros básicos, da redução da mão de obra formalmente empregada e da queda do rendimento médio dos trabalhadores. A perversidade desse comportamento é parte das contradições inerentes a um sistema que vê diminuir o capital produtivo (que gera renda real) enquanto engorda o capital financeiro (que extrai renda real do sistema e incha ficticiamente nos mercados secundários, exigindo ainda mais renda).

Mas a mudança implementada por FHC foi parcial, restrita aos trabalhadores do setor privado. A tenaz oposição feita pelo Partido dos Trabalhadores à sua extensão também para o funcionalismo público impediu que a reforma no sistema previdenciário brasileiro fosse feita de uma tacada só. Coube ao governo Lula completá-la, estendendo as alterações idealizadas por FHC aos trabalhadores do setor público. Com as novas perspectivas de acumulação abertas pela entrada potencial de um enorme contingente de população assalariada, de renda média razoavelmente elevada e sem enfrentar a ameaça do desemprego, foram criadas as condições para o pleno desenvolvimento, no Brasil, do mercado previdenciário – cobiçado há muito tempo pelo sistema financeiro nacional e internacional.

Concluída essa reforma, o país ficou quase pronto para integrar adequadamente o circuito da valorização financeira. Mais alguns detalhes, como a nova Lei de Falências (aprovada em fevereiro de 2005[50]), a autonomia do Banco Central (que continua firme e forte na agenda do governo Lula[51]), o aumento da Desvinculação de Recursos da União

---

[50] As dívidas trabalhistas que antes, sem limitação, encontravam-se no primeiro lugar da fila para o recebimento dos recursos da massa falida, continuam em primeiro lugar, só que agora restringidas pelo limite de R$ 39 mil. O que exceder esse limite vai para o último lugar. As dívidas financeiras garantidas por bens móveis ou imóveis, que ocupavam antes o terceiro lugar, passaram a ocupar o segundo lugar, à frente das dívidas tributárias. Não custa lembrar que, na carta de intenções ao FMI, assinada por Antonio Palocci e Henrique Meirelles em fevereiro de 2003, constava o compromisso de aprovar uma nova Lei de Falências que garantisse os direitos dos credores, ou seja, o recebimento pelo setor financeiro, em condições privilegiadas, das dívidas acumuladas pelas empresas falidas. Uma lei semelhante foi proposta pelo mesmo organismo à Argentina.

[51] Em meados do corrente ano, perguntado sobre a necessidade de tal mudança, o atual presidente do BNDES, então ministro do Planejamento, Guido Mantega,

100 • Brasil *Delivery*

(DRU), bem como sua prorrogação para além de 2007, e a extensão desse expediente para os níveis estadual e municipal, e nada mais faltará[52]. A autonomia do Banco Central garantirá que a política monetária seja conduzida sempre de modo que honre o pagamento do serviço da dívida e que premie, com juros reais substantivos, os detentores de papéis públicos. Tem em seu auxílio a DRU, que funciona, por outro lado, como o instrumento mais afiado para dar cabo dos estorvos promovidos pela Constituição de 1988. A Lei de Responsabilidade Fiscal (que alguns chamam, com justeza, de Lei de Irresponsabilidade Social) contribui com sua parte, ao assegurar que os papéis emitidos por instâncias inferiores do poder executivo também tenham seu serviço honrado, enquanto a nova Lei de Falência trata privilegiadamente o credor financeiro, em caso de bancarrota privada.

Ora, um país tão sério e cônscio da necessidade de cumprir as obrigações financeiras e de premiar com elevado rendimento os detentores de ativos financeiros merece um lugar de destaque em meio aos "emergentes", com direito até a aspirar ao *investment grade*. A tendência, portanto, é que a financeirização da economia brasileira se internacionalize cada vez mais – e isso já é revelado claramente pelo Gráfico 5 (que mostra o enorme crescimento das despesas externas com rendas de investimentos em carteira), apresentado na primeira seção deste artigo. Com isso, encaminhamo-nos às observações finais deste texto.

4. De indústria e finanças, de capital financeiro e capital fictício: à guisa de conclusão

Segundo Marx, capital industrial é todo aquele que, independentemente do setor em que atue, toma de modo alternado a forma de capital monetário, capital produtivo e capital-mercadoria (tangível ou intangível), cumpre em cada uma dessas formas uma função

---

respondeu tranquilamente que se tratava de uma alteração necessária para preservar a sociedade da atuação de presidentes irresponsáveis e gastadores, que quisessem fazer o país crescer a qualquer custo.

[52] Em 1994 foi criado o Fundo Social de Emergência, denominado depois, mais adequadamente, Fundo de Estabilização Fiscal. Esse fundo foi formado com 20% de todos os impostos e contribuições federais, tornados livres de vinculações. A partir de 2000, ele foi reformulado e passou a se chamar Desvinculação de Recursos da União (DRU), tendo sua prorrogação aprovada pelo Congresso Nacional até 2007.

Investimentos e servidão financeira • 101

determinada e as abandona, para voltar a assumi-las novamente[53]. Marx afirma também que o capital só pode ser industrial (produtivo) e se reproduzir ampliadamente se, do valor excedente de cada etapa, uma parte substantiva já estiver disponível para a etapa seguinte sob a forma de novos meios de produção[54]. Em outras palavras, sem meios de produzir riqueza, ou com meios que crescem muito lentamente, lento será o crescimento da própria riqueza, bem como o do consumo e o do bem-estar a ela atrelados.

Nos momentos de crise, são pequenos os incentivos para que o excedente tome prioritariamente a forma de meios de produção, em especial de instrumentos de trabalho. Num país periférico como o Brasil, esse nunca foi um grande problema, porque o déficit de comportamento burguês das elites acabou por empurrar o Estado para atuar permanentemente como o grande investidor da economia. Tendo essa atuação por locomotiva, o incentivo estava garantido e puxava sem nenhuma dificuldade os vagões do investimento privado. Na época em que a industrialização definitiva da periferia latino-americana passou a interessar ao centro do sistema, esse processo ganhou em força e dinamismo e, pelo menos no Brasil, apontou para a possibilidade de superação de sua condição de país subdesenvolvido, ainda que sob a forma um tanto contraditória da "dependência".

Essa confluência virtuosa aconteceu, no entanto, tarde demais, pois o capitalismo já entrava na fase terminal da fórmula fordista e milagrosa dos trinta anos dourados. Empurrado, por um lado, por uma crise cíclica e, por outro, pela desordem provocada no sistema monetário internacional com a desvinculação do dólar norte-americano e do ouro, promovida em 1971 pelo governo Nixon, o sistema ia ingressando a passos largos na fase da acumulação flexível e da dominância financeira. De receptor líquido de capitais, o Brasil passou rapidamente a exportador líquido de capitais, primeiro sob a forma de pagamento dos juros da dívida externa contraída por meio de contratos convencionais de empréstimo, e agora como produtor de ativos financeiros de alta rentabilidade.

Note-se que, se o problema atual se resumisse ao pagamento dos juros dos empréstimos convencionais, ele se resolveria tão logo essas

---

[53] Vide o capítulo I do Livro II ("O ciclo do capital monetário") de *O capital*, cit.
[54] Vide os capítulos XXI e XXII do Livro I ("Reprodução simples" e "Transformação de mais-valia em capital") de *O capital*, cit.

102 • Brasil *Delivery*

antigas dívidas estivessem amortizadas. Tratar-se-ia apenas de avalizar o rentismo clássico característico do capital financeiro convencional, entregando a seus proprietários, por determinado período de tempo, uma parcela da renda real produzida pelo capital produtivo que sua transferência de mãos teria ajudado a construir.

Mas a coisa funciona de modo diferente quando o que está em jogo é o capital fictício. O capital que decorre, por exemplo, da transformação do valor de um ativo produtivo em ações comporta um elemento de forte arbitrariedade, já que sua dimensão, em cada momento, não está mais vinculada a esse capital, mas ao jogo das bolsas (como se viu recentemente com a valorização irracional das ações da chamada Nova Economia – informática e telecomunicações). Mas essa duplicata de capital (como é chamada por Marx) reclama, como qualquer outro capital, seus direitos e ameaça, como um fantasma, com sua cobrança, já que, no mundo real e concreto, a renda real produzida por seus ativos de origem pode não ser nem de longe capaz de dar conta desse recado. Por outro lado, o "capital" que decorre da emissão de títulos da dívida pública reclama seus direitos não a um capital real incapaz de atendê-los, como pode acontecer com as ações, mas a um "não capital" (o ativo real de origem não existe). Por conseguinte, o atendimento desses "direitos" implica a extração de renda real da sociedade como um todo. Tudo se complica ainda mais quando esses papéis tornam-se objeto de cotação em bolsas, já que sua dimensão passa a fugir do controle de seus próprios produtores.

Ora, num mundo tão dominado por esses capitais fictícios e pela vertigem de valorizar o valor sem a mediação da produção, nada mais interessante do que transformar economias nacionais com alguma capacidade de produção de renda real, mas sem pretensões de soberania, em prestacionistas servilmente dispostos a cumprir esse papel e lastrear, ainda que parcialmente, a valorização desses capitais. Eliminados os maiores obstáculos a esse desempenho (a inflação, o descontrole dos gastos públicos, a falta de garantias dos contratos, a ilusão do desenvolvimentismo, entre os principais), essas economias estão prontas a funcionar como plataformas de valorização financeira internacional. Assegurada a seriedade no tratamento dos direitos do capital financeiro, elas podem funcionar – e, no caso do Brasil, têm funcionado – como meio seguro de obter polpudos ganhos em moeda forte.

Acreditamos, assim, poder afirmar que não se trata de mera casualidade o fato de as curvas de FBKF/PIB e as despesas com rendas de investimento se comportarem de modo tão completamente invertido no Brasil nos últimos 35 anos. Tampouco parece casual que os indicadores de taxa de investimento e de crescimento da era neoliberal sejam tão visivelmente piores do que os da assim chamada "década perdida". A despeito da confusão inflacionária e da crise da dívida externa, os anos 1980, certamente influenciados pelas esperanças despertadas pela redemocratização e pela institucionalização dos movimentos de massa, ainda guardavam o espírito da "dependência tolerada" de que nos fala Singer, como se o verdadeiro desenvolvimento soberano e autônomo ainda estivesse no horizonte.

É só nos anos 1990 que se consuma a vitória avassaladora da doutrina neoliberal e, com ela, a política econômica e as providências ainda em curso para transformar o Brasil num *locus* de valorização financeira, particularmente num instrumento que, por meios os mais variados, permite substantivos ganhos reais em moeda forte, em detrimento de nossa capacidade de aumentar o estoque de riqueza, de crescer e de conter o aumento da miséria e da barbárie social. Entramos assim na fase da "dependência desejada", como se a servidão financeira fosse a tábua de salvação ainda capaz de produzir a inclusão do país no sistema, mesmo que no papel o mais subalterno possível.

Que nossas elites tenham, com tranquilidade, abandonado os pruridos de autonomia e soberania e ingressado nessa rota não é algo que surpreenda, considerando sua origem e evolução[55]. O que é espantoso e atesta a força desse discurso é que o governo de Lula e do Partido dos Trabalhadores, em princípio popular e de esquerda, tenha caído nessa armadilha e reproduza agora, como se fosse sua, a mesma cantilena. Talvez não haja prova maior de que entramos mesmo na fase da servidão.

---

[55] Vide a respeito Paulo Eduardo Arantes, "Nação e reflexão", em *Zero à esquerda* (São Paulo, Conrad, 2004).

O PROJETO NEOLIBERAL
PARA A SOCIEDADE BRASILEIRA
sua dinâmica e seus impasses

1. Introdução

Já se tornou lugar-comum denominar a atual política econômica do Brasil de "neoliberal". Mas não é de hoje a popularidade do termo. Foi a partir do início dos anos 1990 que ele começou a ser mais difundido, acabando por adjetivar a política econômica das duas gestões de Fernando Henrique Cardoso. Não por acaso, à época da ascensão de Lula ao poder federal, muito se especulou a respeito do caráter neoliberal ou não de seu governo, tendo em vista ter sido o Partido dos Trabalhadores, por ele liderado, o crítico maior desse tipo de política ao longo de toda a era FHC.

Contudo, mais do que ser mero rótulo – de resto necessário, dadas as profundas alterações processadas, *vis-à-vis* o momento anterior, na forma de pilotar câmbio e juros, na forma de gerir o Estado, na forma de induzir o movimento da economia privada, entre outras –, o neoliberalismo tem uma história intelectual que merece ser lembrada, antes de nos perguntarmos sobre a natureza do que se poderia chamar "projeto neoliberal para a sociedade brasileira". Além dessa história intelectual, que o constitui como doutrina, o neoliberalismo possui também uma história concreta, que tem que ver com o momento histórico no qual suas prescrições passaram a ser adotadas. A relação entre o neoliberalismo como doutrina e coleção de práticas de política econômica, de um lado, e a fase específica do desenvolvimento capitalista que se inicia em fins dos anos 1970, de outro, não é casual nem trivial – ela também precisa ser recuperada para que possamos responder com propriedade não só à indagação acima, como também às perguntas mais

106 • Brasil *Delivery*

importantes para o país neste momento, quais sejam: como se deu a era neoliberal no Brasil? que variante de sua concepção foi priorizada? qual é o papel do Brasil na divisão internacional do trabalho neste "novo capitalismo"? quais são as razões que nos legitimam a considerar como absolutamente neoliberal o atual governo? quais são as perspectivas para o país se esse projeto tiver continuidade e quais são os maiores impasses que ele apresentará?

Para dar conta da tarefa, este texto está dividido em quatro seções principais, além desta introdução e de uma conclusão. A seção "A história intelectual do neoliberalismo: o pós-guerra e o neoliberalismo como doutrina" demonstra como a história intelectual do neoliberalismo o coloca como doutrina – muito mais do que como teoria – e como um conjunto de práticas de política econômica; a seção "A história concreta do neoliberalismo: a nova fase do capitalismo e o neoliberalismo como prática de política econômica" trata de indicar as características da nova fase experimentada pelo capitalismo desde meados dos anos 1970 – marcada pela dominância financeira da valorização – e relacioná-la à história concreta do neoliberalismo, seja como difusão da doutrina, seja como aplicação prática das políticas que prescreve; a seção "O Brasil na nova divisão internacional do trabalho" discute o papel que cabe à economia brasileira na divisão internacional do trabalho da nova etapa do capitalismo; a seção "A era neoliberal no Brasil" abrange desde o governo de Collor até os dias atuais de Lula e seu contraditório e permanente estado de emergência econômico, para contar a história da era neoliberal no Brasil; a conclusão discute as transformações observadas nessa década e meia de neoliberalismo, os impasses que caracterizam tal etapa da história brasileira e as perspectivas que a partir daí se descortinam.

2. A história intelectual do neoliberalismo: o pós-guerra e o neoliberalismo como doutrina

A história intelectual do neoliberalismo está diretamente ligada à história do economista e pensador austríaco Friedrich Hayek, nascido em Viena no último ano do século XIX e discípulo da chamada "escola austríaca" de pensamento econômico. A produção intelectual de Hayek até meados dos anos 1930, particularmente nos campos da teoria monetária e dos ciclos e da teoria do capital, foi marcada por seu apreço à ideia do equilíbrio e à importância que ele então conferia

O projeto neoliberal para a sociedade brasileira • 107

à teoria que o demonstrava. Aos não economistas talvez caiba esclarecer que teoria do "equilíbrio" significa a análise de oferta e demanda (sua constituição e sua dinâmica) e a demonstração de que, deixados a si mesmos, os agentes econômicos conseguem, por meio dos sinais emitidos pelo sistema de preços, chegar a um estado em que não se verifica excesso de demanda em nenhum mercado (o excesso de oferta é entendido como um excesso de demanda negativo) e, portanto, a um estado em que todos os planos de venda e de compra são realizados com sucesso.

A teoria que demonstra esse caráter virtuoso do mercado (já que, ao final, todos estão sempre plenamente satisfeitos) é a neoclássica, tal como desenhada no início do século XX pelo economista inglês Alfred Marshall. A teoria neoclássica, de caráter dedutivo-nomológico, tem por fundamento o conceito do *Homo economicus* (o homem econômico racional) e encontra na teoria do valor-utilidade a base de seu raciocínio, descartando, portanto, a teoria do valor-trabalho que caracterizara a ciência econômica no início (séculos XVIII e XIX), quando ela ainda era conhecida por "economia política"[1]. O equilíbrio, no sentido indicado, é o resultado lógico dessa visão dos agentes e de sua forma de comportamento.

Claro defensor dessa concepção durante um tempo substantivo de sua vida intelectual, Hayek, no entanto, muda radicalmente de postura em meados dos anos 1930. Num texto intitulado "Economics and knowledge", escrito em 1936 e publicado em 1937, bem como em outros que se seguiram, Hayek faz uma crítica demolidora da teoria neoclássica e de sua ideia de indivíduo. Resumidamente, ele afirma que, ao tomar o indivíduo e seu comportamento como dados *a priori*, a teoria neoclássica dá por resolvido aquilo que deveria

---

[1] Também aos não economistas vale observar, para demarcar melhor o terreno, que a teoria do valor-trabalho afirma basicamente que o valor das mercadorias é determinado, de maneira objetiva, pela quantidade de trabalho necessária para produzi-las, enquanto a teoria do valor-utilidade afirma que o valor das mercadorias é determinado, de maneira subjetiva, pela utilidade que os agentes conferem a elas. No primeiro bloco estão a economia política inglesa de Smith e Ricardo, a teoria de Marx e as escolas contemporâneas (como os neorricardianos). No segundo bloco estão a Teoria do Equilíbrio Geral do francês Léon Walras, a teoria neoclássica, o monetarismo e sua variante moderna denominada economia novo-clássica e, de modo geral, todo tipo de pensamento econômico de viés ortodoxo.

108 • Brasil *Delivery*

resolver. O equilíbrio que aparece como resultado de seu desenvolvimento está, na realidade, hipostasiado e, com isso, a teoria neoclássica, que deveria funcionar como a prova "científica" de que a sociedade de mercado consegue produzir o ótimo social, não consegue cumprir seu papel.

Não é demais lembrar que Hayek foi um dos principais personagens de um debate ocorrido nesses mesmos anos e que ficou conhecido na literatura como "debate sobre o cálculo socialista". Por meio de artigos originais, réplicas e tréplicas que colocaram, de um lado, Hayek e Ludwig von Mises e, de outro, economistas defensores do planejamento central, como o conhecido Oskar Lange, travou-se um debate em torno da possibilidade ou não de uma economia não organizada pelo mercado produzir uma situação de ótimo social. O resultado desse debate foi trágico para alguém com as arraigadas convicções liberais de Hayek. Lange não apenas demonstrou que o cálculo racional era perfeitamente possível numa sociedade não regida pelo mercado, mas, pior que isso, utilizou como peça fundamental em sua argumentação a própria teoria neoclássica. Se, como esta advoga, o comportamento humano é plenamente previsível no que tange às questões materiais, ficava provado, assim raciocinou Lange, que o ótimo social podia ser conscientemente planejado, algo que Hayek não podia aceitar.

Outra informação biográfica importante é que Hayek, que ensinara em Viena até 1931, foi então convidado a assumir uma cadeira na já famosa London School of Economics, passando a fazer parte da comunidade intelectual inglesa. Tão logo chegou, envolveu-se numa polêmica com John Maynard Keynes e seus discípulos em Cambridge, em torno de *A treatise on money*, livro que o já famoso economista havia publicado no ano anterior. A contenda entre os dois só fez crescer ao longo dos quinze anos em que Keynes ainda viveu, mas permaneceu mesmo depois de sua morte. Na contramão do que pensava Hayek, Keynes desenvolveu uma teoria para mostrar justamente que o mercado, deixado a si mesmo, poderia levar ao péssimo social, ou seja, trabalhar abaixo do nível de pleno emprego, produzindo recessão, desemprego e miséria por tempo indefinido, visto que não tinha condições de, sozinho, sair desse tipo de armadilha que seu próprio funcionamento montava. A enorme crise dos anos 1930, com todas as sequelas sociais que produziu, funcionou como aliada poderosa da vitória de Keynes nessa contenda teórica. Mas, para além

O projeto neoliberal para a sociedade brasileira • 109

da disputa meramente intelectual entre os dois[2], o que estava em jogo nesses tempos era o destino do mundo moderno.

Terminada a Segunda Guerra, Hayek se deu conta de que o capitalismo caminhava a passos largos para uma era de regulações extranacionais (para evitar que o mundo fosse assolado novamente por conflitos bélicos que tinham questões econômicas em sua origem), de pesada intervenção estatal (para evitar crises catastróficas como a dos anos 1930) e de concessões aos trabalhadores (para enfrentar a concorrência ideológica operada pelo então chamado socialismo real). O acordo de Bretton Woods[3], o Estado keynesiano regulador de demanda efetiva e o Estado de bem-estar social foram a consumação dessas expectativas – e esse mundo não agradava nem um pouco a Hayek.

Por isso, em 1947, ele toma a iniciativa de convocar todos os expoentes do pensamento conservador de então (Lionel Robbins, Karl Popper, Ludwig von Mises, Milton Friedman, entre outros) para uma reunião em que se discutiria a estratégia necessária para enfrentar essa avalanche de regulação e intervencionismo que assolava o capitalismo. Essa reunião ocorreu na Suíça, em Mont-Pèlerin, e tinha por objetivo "combater o keynesianismo e o solidarismo reinantes e preparar as bases para um novo capitalismo no futuro, um capitalismo duro e livre de regras"[4]. Para esses crédulos nas insuperáveis virtudes do mercado, o igualitarismo promovido pelo Estado de bem-estar social e o intervencionismo estatal, que impedia as crises, destruíam a liberdade dos cidadãos e a vitalidade da concorrência, da qual dependia a prosperidade de todos. Mas a estratégia de Hayek e seus companheiros não passaria pelo desenvolvimento e/ou aprimoramento

---

[2] "Ao longo dos anos 1930, a academia inglesa viu Hayek surgir inicialmente como uma estrela de primeira grandeza na constelação dos economistas e, posteriormente, terminar a década completamente apagado, ofuscado em grande medida pela avalanche keynesiana" (Rogério de Andrade, "Hayek: a contraposição liberal", em Ricardo Carneiro, org., *Os clássicos da economia*, São Paulo, Ática, 1997, p. 176).

[3] José Luís Fiori, muito apropriadamente, interpreta esse acordo como o único exercício de "governança global" da história capitalista (cf. "Formação, expansão e limites do poder global" em *O poder americano*, Petrópolis, Vozes, 2004, p. 54).

[4] Perry Anderson, "Balanço do neoliberalismo", em Emir Sader e Pablo Gentili (orgs.), *Pós-neoliberalismo: as políticas sociais e o Estado democrático* (Rio de Janeiro, Paz e Terra, 1995), p. 10.

110 • Brasil *Delivery*

de uma teoria econômica que pudesse ser usada como arma na demonstração da superioridade do mercado e da sociedade que ele forjava. A teoria neoclássica, que seria, dentre todos, o paradigma com maior vocação para isso, tinha sido destruída metodologicamente justamente por Hayek.

Essa talvez seja a razão maior a explicar o fato de a recriação do liberalismo ter nascido como doutrina e não como ciência. Se não havia teoria econômica capaz de cumprir o papel ideológico que era necessário cumprir, tratava-se simplesmente de afirmar a crença no mercado, de reforçar a profissão de fé em suas inigualáveis virtudes. E para atingir o estágio em que o mercado seria o comandante indisputado de todas as instâncias do processo de reprodução material da sociedade era preciso: limitar o tamanho do Estado ao mínimo necessário para garantir as regras do jogo capitalista, evitando regulações desnecessárias; segurar com mão de ferro os gastos do Estado, aumentando seu controle e impedindo problemas inflacionários; privatizar todas as empresas estatais porventura existentes, impedindo o Estado de desempenhar o papel de produtor, por mais que se considerasse essencial e/ou estratégico determinado setor; e abrir completamente a economia, produzindo a concorrência necessária para que os produtores internos ganhassem em eficiência e competitividade. Com o passar do tempo, juntaram-se também a esse conjunto de prescrições regras de pilotagem de juros, câmbio e finanças públicas que, algo contraditoriamente, transformaram a política econômica neoliberal numa *business administration* de Estado[5]. Mas esse último passo tem que ver com a história do próprio capitalismo e de sua relação com a história intelectual do neoliberalismo.

Segundo Harvey, "reunindo recursos oferecidos por corporações que lhe eram simpáticas e fundando grupos exclusivos de pensadores, o movimento [neoliberal] produziu um fluxo constante, mas em permanente expansão, de análises, textos, polêmicas e declarações de posição política nos anos 1960 e 1970. Mas ainda era considerado amplamente irrelevante e mesmo desdenhado pela corrente principal de pensamento

---

[5] O termo foi utilizado pela primeira vez em Leda Paulani, *Modernidade e discurso econômico* (São Paulo, Boitempo, 2005). Mais adiante, neste texto, retomarei algumas das considerações ali elaboradas sobre essa questão.

O projeto neoliberal para a sociedade brasileira • 111

político-econômico"[6]. De fato, é só a partir do fim da última dessas décadas que passariam a existir as condições para a dominância da doutrina neoliberal e para a aplicação prática de seu receituário de política econômica. A próxima seção explica por quê.

3. A história concreta do neoliberalismo: a nova fase do capitalismo e o neoliberalismo como prática de política econômica

O movimento de regulação e de intervenção estatal que marcou o capitalismo depois do término da Segunda Guerra produziu aquilo que ficou conhecido na literatura como "os anos de ouro do capitalismo", ou seja, um período de quase trinta anos em que a economia cresceu aceleradamente no mundo todo, com desemprego muito baixo (praticamente no nível friccional) e inflação reduzida. Em meados dos anos 1970 esse mundo vem abaixo, com as duas crises do petróleo (1973 e 1979), as crises fiscais dos Estados centrais e o retorno da inflação. A elevação dos juros norte-americanos por Paul Volcker em 1979 é a consumação desse processo, que prepara o capitalismo para ingressar numa nova fase. Esta é marcada pela exacerbação da valorização financeira, pela retomada da força do dólar norte-americano como meio internacional de pagamento, pela intensificação, em escala ainda não vista, do processo de centralização de capitais e pela eclosão da terceira revolução industrial, com o surgimento da chamada "nova economia". Detalhemos um pouco mais cada uma dessas características.

Em meados dos anos 1960, depois de um crescimento elevado e ininterrupto de cerca de vinte anos – que passara pela reconstrução da Europa e da Ásia e pela industrialização da América Latina –, complicaram-se as perspectivas de continuidade desse processo de acumulação na mesma intensidade. Os capitais multinacionais que operavam na Europa, particularmente os norte-americanos, passaram a buscar outras formas de valorização. Foram então se abrigar na *city* londrina, um espaço offshore em que depósitos bancários em dólares circulavam fora do território norte-americano e eram registrados em bancos situados

---

[6] Segundo Harvey, o próprio Hayek prescientemente viu que levaria certo tempo para que as concepções neoliberais passassem a ser a corrente principal de pensamento. Segundo ele, teria de correr "pelo menos uma geração" até que isso acontecesse (David Harvey, *O novo imperialismo*, São Paulo, Loyola, 2005, p. 130).

112 • Brasil *Delivery*

fora dos Estados Unidos[7]. Estimulado pelo recorrente déficit do balanço de pagamentos norte-americano, foi se criando assim um volume substantivo de capitais que buscavam valorização exclusivamente financeira, num movimento que se desenvolveu ao desabrigo de qualquer tipo de controle estatal.

Entrementes, a economia norte-americana crescia aceleradamente. Na realidade, o crescimento norte-americano funcionava como uma locomotiva a puxar todo o crescimento mundial. A atmosfera de Guerra Fria e a aceitação das ideias de Keynes empurravam os Estados Unidos, desde o pós-guerra, a essa política de elevado crescimento interno e de estímulo ao crescimento do mundo capitalista como um todo[8]. Assim, como tinham de manter o poder hegemônico do país, as autoridades norte-americanas responderam com políticas expansivas à compressão das margens de lucro e à aceleração da inflação, que começaram a se esboçar na sua economia na segunda metade dos anos 1960.

O duplo papel que os Estados Unidos tinham de desempenhar, ou seja, de um lado, potência hegemônica e, de outro, detentor do monopólio da produção do meio de pagamento internacional, criava uma situação conflituosa e, no limite, insustentável: no primeiro papel, tinham de estimular o crescimento interno e, com isso, a vitalidade do mundo capitalista; no segundo, tinham de frear seu crescimento, para impedir que o dólar se fragilizasse. Em outras palavras, pagavam um preço pela manutenção da hegemonia de sua moeda, pois a relação

---

[7] O Euromarket foi criado no fim da década de 1950. Apesar de interessar fundamentalmente à Inglaterra, que buscava recuperar o importante papel de intermediária financeira internacional desempenhado até antes da Primeira Guerra Mundial, a iniciativa contou com o apoio norte-americano. Na década de 1960, esses dois governos encorajaram seus bancos e suas grandes corporações a fazer operações nesse mercado; ver José Luís Fiori, "O poder global dos Estados Unidos: formação, expansão e limites", em *O poder americano*, cit., p. 92, e Esther Jeffers, "A posição da Europa na valorização mundial dos capitais de aplicação financeira", em François Chesnais (org.), *A finança mundializada: raízes sociais e políticas, configuração, consequências* (São Paulo, Boitempo, 2005), p. 155.

[8] Não por acaso, ao longo desses anos foram muitas vezes os próprios Estados Unidos que, contrariando os princípios de Bretton Woods, ajudaram a promover desvalorizações nas taxas de câmbio de outros países, visando possibilitar seu crescimento; ver Franklin Serrano, "Relações de poder e a política macroeconômica americana, de Bretton Woods ao padrão dólar flexível", em José Luís Fiori (org.), *O poder americano*, cit., p. 186.

O projeto neoliberal para a sociedade brasileira • 113

nominalmente fixa entre ouro e dólar norte-americano, que constituía a base do sistema concebido em Bretton Woods (por isso também conhecido por "padrão dólar-ouro"), retirava das autoridades norte--americanas preciosos graus de liberdade na condução de sua política econômica.

A aceleração inflacionária do fim dos anos 1960, nos Estados Unidos, tornou patente a insustentabilidade dessa situação. O crescimento do nível interno de preços em patamares mais elevados, combinado à manutenção da paridade dólar/ouro, valorizava a moeda norte-americana e aumentava a pressão sobre o governo para que fosse promovida uma desvalorização. Mas a perda de competitividade dos setores expostos à concorrência externa não era o único problema que a impossibilidade de desvalorizar o dólar provocava. O problema mais sério é que os déficits comerciais, até então praticamente inexistentes, começavam a se tornar substantivos[9]. Isso implicava o aumento do passivo externo líquido dos Estados Unidos (crescimento de sua dívida externa) e a redução das reservas norte-americanas em ouro[10]. Assim, "a ideia de que o dólar era *as good as gold*, que garantia sua aceitação internacional, seria minada"[11].

Para enfrentar essa situação, cada vez mais insustentável, em 1971 o presidente norte-americano Richard Nixon rompe unilateralmente com o sistema de Bretton Woods e desvincula o dólar do ouro.

---

[9] Apesar de a balança comercial norte-americana estar equilibrada até então, seu balanço de pagamentos era deficitário por conta do resultado da balança de capitais. O papel de locomotiva do crescimento desempenhado pelos Estados Unidos exigia investimentos diretos elevados e volumosos empréstimos para os demais países, enquanto seu papel na geopolítica mundial, no contexto da Guerra Fria, obrigava o país a manter pesados gastos militares no exterior. Tudo isso contribuía para o resultado negativo da balança de capitais; ver Franklin Serrano, "Relações de poder...", cit., p. 195.

[10] Ao contrário dos déficits globais do balanço de pagamentos, que não ameaçavam as reservas em ouro dos Estados Unidos (justamente por causa da posição do dólar como moeda-chave), os déficits comerciais, principalmente se recorrentes, tinham efeitos deletérios sobre elas. Essa modalidade de déficit produzia aumento do passivo externo líquido do país e esse tipo de obrigação, mesmo se denominada em dólar, era, pelas próprias regras de Bretton Woods, plenamente conversível em ouro pelos bancos centrais dos países credores; ver Franklin Serrano, "Relações de poder...", cit., p. 195.

[11] Franklin Serrano, "Relações de poder...", cit., p. 196.

114 • Brasil *Delivery*

A partir daí inicia-se um período tumultuado no sistema monetário internacional, com um questionamento crescente da capacidade de o dólar norte-americano continuar a funcionar como moeda-chave. Entre outras ideias, começou a se cogitar a criação de uma moeda verdadeiramente internacional, tal como Keynes advogara em Bretton Woods, utilizando-se, como base para sua criação, os Direitos Especiais de Saque (DES), cotas de recurso que cada país possuía no Fundo Monetário Internacional (FMI) e que podiam ser sacadas sem maiores formalidades. Evidentemente transformações desse tipo não interessavam nem um pouco aos Estados Unidos, visto que perderiam um trunfo poderoso que era dado justamente por sua posição de produtores do meio de pagamento internacional. Todo o potencial bélico de que dispunham poderia não ser suficiente para manter seu papel de potência hegemônica, se uma perda dessa dimensão viesse efetivamente a se confirmar.

Mas esse período de indefinição é resolvido, a favor do dólar, com a brutal elevação dos juros norte-americanos promovida por Paul Volcker, então presidente do Federal Reserve, em 1979. Desde então, o dólar norte-americano tem se colocado como moeda hegemônica de uma forma ainda mais poderosa do que o fora nos trinta anos gloriosos, visto que, nas circunstâncias do padrão dólar autorreferenciado, ou padrão dólar-dólar, que acaba por se criar, a moeda norte-americana tem todas as vantagens de que antes gozava, uma vez que manteve sua posição como moeda-chave do sistema, mas agora se beneficia disso sem ter de pagar o preço de sua vinculação a um lastro, em última instância, que era o papel desempenhado pelo ouro no padrão monetário anterior.

Não é sem consequências o fato de a resolução daquele período de indefinição ter se dado dessa forma. Entre outras coisas, além de reforçar a hegemonia norte-americana, o fortalecimento do dólar vem agindo como elemento de fundamental importância na manutenção da dominância financeira da valorização que marca a fase contemporânea do capitalismo. Mas, antes que caracterizemos essa fase, cabe retomar a história de sua constituição.

Depois de 1971, combinaram-se a continuidade do crescimento norte-americano e mundial (ainda que a taxas menores do que as observadas no início dos trinta anos gloriosos), a elevação da inflação nos Estados Unidos, as reduzidas taxas de juros nominais e reais em

O projeto neoliberal para a sociedade brasileira • 115

dólares e a crescente capacidade de criar crédito do circuito offshore de Londres. A consequência dessa combinação foi a explosão dos preços em dólar dos principais insumos industriais e, logo a seguir, do petróleo[12]. Só com a crise deflagrada pela Organização dos Países Exportadores de Petróleo (Opep), em 1973, que o crescimento norte-americano é afetado e que em 1974 o mundo cai em recessão aberta. O choque do petróleo e a profundidade da crise que se seguiu contribuíram decisivamente para a engorda geral dos capitais em busca de valorização financeira. Aos eurodólares já acumulados na *city* de Londres vieram se juntar os petrodólares e uma nova leva de eurodólares, agora com mais motivos para desertar da atividade produtiva, dada a recessão que atingia quase todo o mundo, particularmente o centro do sistema, ou seja, os países desenvolvidos[13]. Os bancos privados internacionais com operações na *city* londrina se associaram para reciclar esses euros e petrodólares buscando tomadores entre os países da periferia do sistema.

Os países latino-americanos estiveram, portanto, entre as primeiras vítimas da sanha rentista desses capitais, já que muitos deles resolveram enfrentar, com elevação de seu grau de endividamento, a crise então experimentada[14]. Evidentemente, o serviço da dívida pago pelos países em desenvolvimento, pelo menos até o estouro da chamada "crise das

---

[12] Ibidem, p. 198.

[13] A importância crescente do circuito offshore londrino implicava a multiplicação automática de eurodólares pelo jogo de empréstimos em cadeia entre os grandes bancos privados internacionais. A crise do petróleo, com o consequente aprofundamento da crise recessiva mundial, fez engordar ainda mais esses depósitos – que passaram de US$ 7 bilhões, em 1963, para US$ 160 bilhões dez anos depois e US$ 2,3 trilhões vinte anos depois; ver Esther Jeffers, "A posição da Europa na valorização mundial dos capitais de aplicação financeira", cit., p. 156.

[14] Cabe esclarecer que, pelo menos no caso do Brasil, a opção feita pela ditadura militar não se restringiu à decisão de continuar a crescer, ainda que aumentando o grau de endividamento externo da economia brasileira. Na realidade, o governo Geisel decidiu continuar a crescer, a despeito da crise internacional, mas crescer de forma diferenciada, alterando a estrutura produtiva do país. O II PND, responsável pela manutenção de substantivas taxas de crescimento no período 1974-1980 (ainda que inferiores àquelas observadas no período anterior, o do "milagre"), foi planejado não só para isso, como, principalmente, para completar a matriz interindustrial brasileira, cujas caselas relativas ao chamado Departamento I (insumos básicos e bens de capital) estavam, em sua grande maioria, ainda vazias. Buscava-se com isso reduzir a dependência externa do Brasil e tornar nossa economia menos vulnerável a choques de oferta como o choque do petróleo.

dívidas" que assolou a América Latina a partir do fim de 1979, só fez inchar ainda mais o volume desses capitais.

Foi esse acúmulo de capitais em busca de valorização financeira que levou a uma pressão crescente e a uma grita geral pela liberalização dos mercados financeiros e pela desregulamentação dos mercados de capitais. O modo de regulação[15] do capitalismo, que funcionara no período anterior (os anos dourados), não se adequava mais a um regime de acumulação que funcionava agora sob o império da valorização financeira. Volátil por natureza, logicamente desconectado da produção efetiva de riqueza material da sociedade, curto-prazista e rentista, o capital financeiro só funciona adequadamente se tiver liberdade de ir e vir, se não tiver de enfrentar, a cada passo de sua peregrinação à procura de valorização, regulamentos, normas e regras que limitem seus movimentos.

Além da pressão pela desregulamentação, iniciou-se uma pressão pela elevação, mundo afora, das taxas reais de juros, ou seja, por regras de política monetária que favorecessem os interesses dos credores. Assim, a guinada monetarista dos Estados Unidos, exigida para a defesa da posição hegemônica do dólar e responsável pela enorme elevação da taxa de juros norte-americana ao fim de 1979 (elevação que se principia no governo democrata de Jimmy Carter, mas alcança os 20% ao ano no governo seguinte, do republicano Ronald Reagan), acabou por atender

---

[15] "Modo de regulação" é um conceito criado pela chamada Escola da Regulação no fim dos anos 1970. Partindo do conceito marxista de modo de produção, os fundadores dessa escola, em sua maior parte franceses (Michel Aglietta, André Orlean, Robert Boyer etc.), julgaram que o modo de produção capitalista, ainda que movido sempre pela mesma lógica (a de valorizar o valor), funciona de modo distinto em cada etapa histórica. Assim, a reprodução do capital como relação social básica da sociedade moderna não acontece da mesma forma nos anos dourados e na fase posterior a eles. As instituições, as regras, os modos de cálculo e os procedimentos se alteram quando se passa de uma fase a outra, porque muda o "regime de acumulação", o outro conceito básico dessa escola. Esse par de conceitos (a cada "regime de acumulação" há um "modo de regulação" que lhe corresponde) tem sido utilizado por muitos autores que hoje analisam a natureza das transformações experimentadas pelo capitalismo em sua fase contemporânea. Entre essas análises, damos destaque aqui àquela elaborada por François Chesnais, outro economista francês, a qual em parte seguiremos; ver François Chesnais, "Introdução geral", em *A mundialização financeira: gênese, custos e riscos* (São Paulo, Xamã, 1998) e "O capital portador de juros: acumulação, internacionalização, efeitos econômicos e políticos", em *A finança mundializada: raízes sociais e políticas, configuração, consequências*, cit.

O projeto neoliberal para a sociedade brasileira • 117

a esses interesses, visto que, no rastro da taxa norte-americana, subiram as taxas de juros nos principais países do centro do sistema, bem como aquelas segundo as quais se remuneravam os empréstimos concedidos aos países em desenvolvimento[16].

Entrementes, o prolongamento da crise recessiva, juntamente com a elevação dos juros, levou, em quase todo o mundo desenvolvido, as direções empresariais e os governos a endurecer com a classe trabalhadora. Nos Estados Unidos, esse ataque, que vai ocasionar uma redução substantiva dos salários reais, toma a forma da confrontação e do enfraquecimento dos sindicatos, do término da política de rendas de Nixon e Carter e do avanço do processo de desregulamentação industrial, o qual facilita o movimento de aquisições e fusões, com a consequente reestruturação das empresas, as demissões numerosas e o abandono de acordos antes acertados com empregados sindicalizados[17]. Na Europa, onde o Estado de bem-estar social tinha avançado substantivamente, essa confrontação vai tomar a forma de um ataque às conquistas sociais alcançadas pela classe trabalhadora.

A virada conservadora do capitalismo consagra-se de vez com a descoberta que Ms. Thatcher faz do pensamento neoliberal:

e foi Margaret Thatcher quem, buscando uma estrutura mais adequada para atacar os problemas econômicos de sua época, descobriu politicamente o movimento [neoliberal] e voltou-se para seu corpo de pensadores em busca de inspiração e recomendações, depois de eleita em 1979. Em união com Reagan, ela transformou toda a orientação da atividade do Estado, que abandonou a busca do bem-estar social e passou a apoiar ativamente as condições "do lado da oferta" da acumulação de capital. O FMI e o Banco Mundial mudaram quase que da noite para o dia seus parâmetros de política, e, em poucos anos, a doutrina neoliberal fizera uma curta e vitoriosa marcha por sobre as instituições e passara a dominar a política, primeiramente no mundo anglo-saxão, porém, mais tarde, em boa parte da Europa e do mundo.[18]

---

[16] Esses empréstimos foram contratados, em sua maioria, com taxas de juros flexíveis, basicamente a Libor (inglesa) e a Prime (norte-americana), que, nesse momento, se elevaram tal como as demais taxas.

[17] Franklin Serrano, "Relações de poder...", cit., p. 203.

[18] David Harvey, *O novo imperialismo*, cit., p. 130.

118 • Brasil *Delivery*

Como descobre Thatcher, o neoliberalismo constitui o discurso mais congruente com a etapa capitalista que se inicia, já que defende e justifica as práticas mais adequadas a esse novo momento. O discurso keynesiano do período anterior não servia mais. O estímulo à demanda agregada garantidor do pleno emprego, que implicava gastos públicos substantivos (com bens públicos e mecanismos de proteção social), não podia mais continuar, dada a crise que então se vivia e que atingia o próprio equilíbrio fiscal. Controlar os gastos do Estado aparecia também como a única saída para driblar a inflação, que insistia em permanecer em níveis indesejados. Um desdobramento do mesmo mote é a pregação pela privatização de empresas estatais, que passam a aparecer como sorvedouros indevidos de dinheiro público. As regras, normas e regulamentações de toda ordem que o Estado impunha ao funcionamento do mercado tinham de ser abolidas ou reduzidas o mais possível, para que a concorrência gerasse seus frutos, quais sejam, maior eficiência e recuperação dos lucros. Era preciso restringir o Estado a suas funções mínimas: diligenciar pela manutenção das regras que permitem o jogo capitalista e produzir os bens públicos por excelência, ou seja, justiça e segurança. Finalmente, a crise que comprimia as margens de lucro tinha de ser amenizada com a redução de gastos com pessoal e a flexibilização da força de trabalho, uma vez que as garantias sociais conferidas a esta última tornavam-se agora um custo insuportável e inadmissível.

Graças a esse resgate dos princípios neoliberais, construiu-se com muita facilidade um discurso que colocava no suposto gigantismo do Estado e em sua excessiva intervenção no andamento da economia as causas maiores da crise então experimentada, além dos privilégios que esse tipo de atuação tinha conferido aos trabalhadores ao longo dos trinta anos gloriosos. Assim, a pregação neoliberal aparece como o único remédio capaz de garantir que o sistema econômico recupere sua saúde. Todas essas medidas promoveriam a libertação do mercado das correntes com que fora amarrado pelo Estado, e os benefícios produzidos pela concorrência e pelos ganhos de eficiência que seriam produzidos logo se fariam sentir. Além disso, com a redução do espaço institucional de atuação do Estado, o setor privado – em princípio mais ágil e eficiente que a máquina estatal, porque regido pela lógica do mercado – retornaria ao lugar que de direito lhe era devido.

O projeto neoliberal para a sociedade brasileira • 119

De um ponto de vista teórico, essa nova orientação substitui a política de controle da demanda efetiva, típica do período anterior, pela política "do lado da oferta", que transforma a macroeconomia em microeconomia, já que cuida apenas da manutenção de um ambiente institucional favorável aos negócios (respeito aos contratos, direito dos credores tomado como sagrado, liberdade máxima para o capital, fim dos expedientes de regulação e controle), como se a disposição capitalista de investir dependesse apenas do *animal spirit*[19] empresarial e não tivesse nada que ver com as expectativas em torno do comportamento da procura agregada, ou seja, das perspectivas de realização daquilo que Marx chamou de "o salto mortal das mercadorias" (venda dos produtos).

Sabendo, no entanto, que o processo de reprodução ampliada do capital se dá agora sob os imperativos da acumulação financeira, a leitura que se faz desse discurso muda inteiramente. A defesa dos interesses financeiros implica o controle obsessivo dos gastos do Estado por várias razões. A primeira delas é que, independentemente de se constituir ou não em âncora do sistema de preços, a taxa de juros paga pelo Estado aos papéis públicos transforma-se no piso a partir do qual todas as demais taxas (que diferem em função do tipo de operação, prazo e risco) são estabelecidas. Num mundo dominado pelos credores, não faz sentido permitir que o Estado, por conta de problemas no manejo da demanda agregada, opere taxas reais de juros muito reduzidas. Ao mesmo tempo, taxas de juros mais elevadas implicam crescimento das despesas do Estado com serviço da dívida e é preciso que sobre espaço em outras despesas (gastos sociais, investimentos em infraestrutura) para que esse crescimento possa ser enfrentado. A segunda razão é que taxas de inflação mais elevadas são sempre "pró-devedor", e, como cabe ao Estado controlar a oferta de moeda, é preciso que ele não seja constrangido a aumentá-la indevidamente para fazer face a gastos descontrolados. A terceira razão é que os papéis públicos são ativos financeiros por excelência. A garantia do controle dos gastos públicos, da taxa de inflação reduzida e do juro real elevado é ao mesmo tempo a garantia da remuneração real desse "capital fictício", como o chama Marx. Uma parte substantiva dos impostos que o Estado recolhe com

---

[19] O termo é de Keynes.

120 • Brasil *Delivery*

base na geração efetiva de renda pela sociedade em determinado período de tempo é utilizada para enfrentar o serviço da dívida, de modo que os detentores desses ativos recebem uma parcela da renda real produzida nesse lapso de tempo, mesmo sem terem tido nenhum papel em sua produção. Ora, um Estado com gastos fora de controle induz a elevações da taxa de inflação e isso, combinado ao juro real reduzido, problematiza a efetividade dessa transferência.

Por todas essas razões, afirmei anteriormente que ao pacote inicial de medidas desenhado pelo movimento neoliberal (redução do Estado ao mínimo, inexistência de proteção ao trabalho, abertura da economia, liberdade para o funcionamento do mercado) acrescentou-se mais recentemente uma forma específica de pilotar câmbio, juros e finanças públicas que coloca a política econômica hoje no papel de *business administration* de Estado. Em outras palavras, brandindo os princípios neoliberais da eficiência, da rigidez de gastos e da austeridade, administra-se hoje o Estado "como se fosse um negócio". E é de fato disso que se trata, pois, contrariamente ao que ocorria na fase anterior, a atuação do Estado se dá agora visando preservar não os interesses da sociedade como um todo (emprego, renda, proteção social etc.), mas os interesses de uma parcela específica de agentes cujos negócios dependem fundamentalmente dessa atuação. É o fato de o neoliberalismo ter se tornado prática de governo justamente nessa fase de exacerbação da valorização financeira que explica por que esse elemento foi adicionado ao pacote neoliberal. Mas há mais no capítulo da gestão do Estado "como se fosse um negócio".

Pensadores críticos contemporâneos, como Harvey[20], têm afirmado a tese de que estaríamos hoje num momento da história capitalista em que os processos típicos da fase da acumulação primitiva de capital estariam presentes de modo muito mais intenso do que se imagina[21]. Segundo essa visão, tais processos – que marcaram os primórdios do capitalismo e envolvem fraude, roubo e todo tipo de violência – em realidade nunca saíram completamente de cena, mas se exacerbam quando ocorrem crises de sobreacumulação como a que agora experimentamos.

---

[20] *O novo imperialismo*, cit.
[21] Paulo Arantes fornece outro exemplo de trabalho precioso na mesma linha (cf. "Um retorno à acumulação primitiva: a viagem redonda do capitalismo de acesso" em *Reportagem*, jul. 2004).

O resgate desses expedientes violentos minoraria as consequências da sobreacumulação, visto que desbravaria "territórios" para a acumulação de capital antes fora de seu alcance. Em outras palavras, estaríamos agora numa época de "acumulação por espoliação", em que se aliam o poder do dinheiro e o poder do Estado, que dela participa sempre (ou diretamente, ou por conivência, ou por omissão). Vários são os exemplos desse tipo de processo: os ataques especulativos a moedas de países fracos, o crescimento da importância dos títulos da dívida pública em todos os países e as privatizações, que se generalizaram, estão entre os mais importantes. Em todos eles, sem a participação do Estado, sem sua administração em benefício do *business*, esse tipo de acumulação primitiva não existiria.

Para dar um exemplo concreto disso, o processo brasileiro de privatização, que começou em 1990 e teve seu pico no primeiro reinado de FHC, é paradigmático. Por meio dele não só se abriram à acumulação privada suculentos espaços de acumulação, como, em muitos casos, se fez isso com dinheiro público (do BNDES), emprestado aos "compradores" (e às vezes não pago, como no conhecido caso da Eletropaulo/Enron) a juros subsidiados. Além disso, os preços desses ativos foram subavaliados pelo Estado, e o ágio elevado que naturalmente apareceu – dada a concorrência por esses setores, os serviços industriais de utilidade pública, que são o filé mignon da acumulação produtiva no mundo – está sendo devolvido aos "compradores" por meio de isenção fiscal que dura o tempo necessário para compensar o ágio. Outro exemplo concreto é a transformação pela qual vem passando o sistema previdenciário no Brasil. Com a imposição de tetos de valor reduzido para os benefícios, primeiro para os trabalhadores do setor privado (FHC), depois para os trabalhadores do setor público (Lula), o Estado abriu imediatamente à acumulação privada todo o imenso território da Previdência, tendo o governo Lula lhe ofertado o presente mais valioso: os servidores públicos, com salários médios mais elevados e praticamente sem risco de desemprego.

A partir desses dois exemplos[22], pode-se resumir o fenômeno do qual estamos tratando. A gestão neoliberal do Estado implica conduzi-lo

---

[22] David Harvey (*O novo imperialismo*, cit.) apresenta inúmeros outros exemplos, colhidos em diferentes partes do planeta.

122 • Brasil *Delivery*

como se fosse um negócio, mas o resultado é o inverso do que ocorre quando essa racionalidade é aplicada ao setor privado. Em vez do acúmulo de recursos e da reprodução ampliada do "capital público", temos dilapidação dos recursos do Estado, encolhimento de seu tamanho, atrofiamento do espaço econômico público[23]. Em uma palavra: *espoliação*. Isso não quer dizer, no entanto, como já se tornou lugar-comum, que o Estado hoje seja fraco. Ao contrário, ele tem de ser extremamente forte, no limite violento, para conduzir os "negócios de Estado" da forma mais adequada possível para preservar e contemplar grupos de interesse específicos. Na seção "A era neoliberal do Brasil", voltaremos a essa questão, diretamente relacionada à constituição de um "estado de emergência econômico." Antes disso, porém, é preciso explicar como as transformações operadas no setor produtivo estão diretamente ligadas à dominação financeira do processo de acumulação.

Em primeiro lugar, medidas como a terceirização, o contrato por tempo parcial e o trabalho com autônomos buscam não só a redução dos poros da jornada de trabalho, como a repartição, com a força de trabalho, do risco capitalista. Além disso, a difusão do toyotismo como forma de organizar o próprio processo produtivo é um expediente que acaba por se impor à antiga fórmula taylorista, porque, muito mais racionalmente do que esta, aproveita o valor de uso da força de trabalho em sua totalidade (habilidades físicas e mentais) e, melhor ainda, consegue isso economizando postos intermediários de gerência, já que faz os trabalhadores se vigiarem uns aos outros, reduzindo-lhes a disposição de agir como classe[24].

Evidentemente, a ocorrência de todas essas transformações foi facilitada pelo abandono do pleno emprego como meta primeira da política econômica, já que níveis de atividade inferiores a esse fragilizam os trabalhadores, obrigando-os a aceitar qualquer coisa, desde que

---

[23] Em trabalho de 1998, Francisco de Oliveira denominou esse mesmo espaço de "antivalor". Os trinta anos dourados foram pródigos em sua criação – e os anos subsequentes em sua destruição.

[24] Tanto um como outro caso – formas de relação capital–trabalho alternativas à contratação formal, ou "com carteira assinada", como se diz no Brasil, e toyotismo –, enquadram-se no que Marx chamou de "intensificação da exploração", uma modalidade de aumento do valor excedente não pago extraído da força de trabalho que não passa diretamente nem pelo aumento tradicional da produtividade (mais-valia relativa) nem pelo aumento da jornada de trabalho (mais-valia absoluta).

preservado o espaço para a venda de sua força de trabalho. Assim, não é só circunstancialmente que o pleno emprego deixa de ser atingido. A despeito das oscilações cíclicas naturais que a acumulação capitalista experimenta – e que podem eventualmente fazer que o produto se aproxime desse nível –, sua busca deliberada como política de Estado é incompatível com a atual fase do capitalismo. Todos esses expedientes visam reduzir os gastos com mão de obra e recuperar as taxas de lucro, num contexto em que as possibilidades de ganho financeiro são substantivas.

É a mesma circunstância que explica também outro expediente de gerenciamento típico dessa nova fase: os processos que pretendem reduzir ao mínimo possível o tamanho dos estoques que o processo produtivo tem de carregar. Já que carregamento de estoques implica um tipo determinado de aplicação de capital – que pode não ser a mais lucrativa, dado esse ambiente –, o setor produtivo foi buscar no comércio varejista, particularmente no setor de supermercados, as técnicas necessárias para minimizar esse "custo". Finalmente, cabe lembrar que o abandono da produção em massa verificado em muitos setores e sua substituição pela chamada "customização" da produção (produção feita de acordo com a demanda do cliente) buscam a divisão do risco capitalista com os consumidores, além de serem bastante funcionais num contexto em que o carregamento de estoques é reduzido a seu mínimo.

Todo esse conjunto de transformações, que mudou a face do sistema produtivo, procuram em última instância conferir ao capital a flexibilidade necessária para que aproveite as oportunidades de acumulação onde quer que elas se encontrem (no setor produtivo, no setor financeiro, nos negócios de Estado). Na regulação fordista que caracterizou a fase anterior, as formas institucionais que vinculavam capital monetário e trabalho, capital produtivo e meios de produção, capital-mercadoria e produtos acabados eram fórmulas rígidas, incompatíveis com um ambiente de acumulação em permanente ebulição. É essa a razão que leva alguns autores, como Harvey[25], a afirmar que a atual fase da história capitalista é caracterizada por um "regime de acumulação flexível" – que é outra forma de falar do regime de acumulação sob dominância financeira, já que flexibilidade é uma das características constitutivas do capital financeiro.

---

[25] *A condição pós-moderna* (9. ed., São Paulo, Loyola, 2000).

124 • Brasil *Delivery*

O abandono do pleno emprego como objetivo gerou uma situação em que há uma espécie de "estado permanente de crise" (às vezes interrompido por espasmos de crescimento mundial, como o que observamos nos últimos dois ou três anos)[26]. Ora, como previu Marx, é justamente nas crises que se acentuam os processos de centralização do capital, uma vez que a maior dificuldade de engendrar os processos de reprodução ampliada faz que muitos pequenos capitais sejam absorvidos por capitais maiores. Junte-se a essa "condição natural" do capital o fato de tal processo acontecer num contexto de absoluta desregulação por parte dos Estados nacionais e temos o maior processo de concentração de capital da história capitalista, com uma série de setores econômicos dominados mundialmente, na maior parte dos casos, por não mais que uma dezena de grupos empresariais.

Já em 1994, Chesnais[27] detectava, por exemplo, que, no setor de *hardware* (incluindo microcomputadores e sistemas de médio e grande porte), quatro empresas eram responsáveis por 53% da produção mundial, enquanto dez empresas respondiam por 67%. Se restringirmos a análise ao segmento dos sistemas de grande porte, esses números saltam para 76% e 91% respectivamente. No setor de automóveis a situação não é muito diferente: doze empresas respondem por 78% da produção mundial. No caso de pneus, seis empresas respondem por 85% da produção; e no de material médico, sete empresas respondem por 90% da produção.

O que aconteceu mundialmente com o setor de telefonia pública nos anos 1980 é indicativo da velocidade e da intensidade do processo de centralização, que envolve não só a absorção de pequenos capitais por grupos de grande porte, como também os processos de fusão desses grandes capitais, em muitos casos motivados por resultados buscados

---

[26] Comparado ao período dos trinta anos gloriosos, quando a economia dos principais países industrializados (G7) crescia a taxas médias anuais superiores a 5%, temos os seguintes resultados para a fase posterior: 1969-1979, 3,6%; 1979-1990, 3%; 1990-1995, 2,5%; 1995-2000, 1,9%. Ao mesmo tempo, os salários reais que, entre 1960 e 1973, cresciam a uma taxa média anual de 7,7% no Japão, 5,6% nos onze principais países europeus e 2,8% nos Estados Unidos, crescem, entre 1990 e 2000, a uma taxa média anual de 0,5%, 0,6% e 1,1%, respectivamente; ver Robert Brenner, *O boom e a bolha: os Estados Unidos na economia global* (Rio de Janeiro, Record, 2003), p. 66 e 93.

[27] François Chesnais, *A mundialização do capital* (São Paulo, Xamã, 1996), p. 95.

O projeto neoliberal para a sociedade brasileira • 125

nas cotações dos grandes grupos no mercado bursátil. Chesnais[28] indica que, em 1982, sete grupos detinham 58,3% desse mercado; em 1987 o percentual era de 70%, porém os sete grandes grupos se reduziram a quatro, dadas as fusões ocorridas entre a norte-americana ITT e a francesa Alcatel e entre a norte-americana GTE e a alemã Siemens, além da incorporação da holandesa Philips pela gigante norte-americana AT&T. Não é demais notar que tudo isso aconteceu no exíguo prazo de cinco anos.

Também no setor de serviços a concentração é expressiva: dezesseis empresas, sendo cinco norte-americanas e cinco alemãs, detinham 54% do mercado mundial de resseguros em 1986; dezesseis empresas, sendo dez norte-americanas, detinham 61% do mercado mundial de publicidade em 1989; ainda em 1989, seis empresas, todas norte-americanas, detinham 62% do mercado mundial de consultoria e gestão estratégica[29].

Completamos, com isso, o diagnóstico e o desenho dessa nova fase da história capitalista, além de termos mostrado qual é a relação de sua emergência com o fortalecimento do discurso neoliberal, bem como com a aplicação prática das medidas por ele prescritas. Faltaria apenas relacionar esse quadro com o surgimento da chamada "nova economia". Mas esse elemento está diretamente ligado à reflexão que faremos a seguir sobre o papel que cabe às economias periféricas, como a brasileira, dentro dessa nova ordem.

4. O Brasil na nova divisão internacional do trabalho

Observamos anteriormente que, impulsionado por uma espécie de "permanente estado de crise", o movimento de centralização atingiu intensidade inédita na história capitalista, com a constituição de grandes massas de capital que dominam vários dos setores industriais e de serviços. Observamos também que, nos Estados Unidos, o avanço do processo de desregulamentação industrial facilitou o movimento de aquisições e fusões, o que resultou em reestruturação das empresas, demissões e abandono de acordos com os sindicatos. Por trás desses dois movimentos está uma transformação substantiva no estado das artes da

---

[28] Ibidem, p. 177.
[29] Ibidem, p. 199.

126 • Brasil *Delivery*

concorrência intercapitalista, transformação que foi se constituindo ao longo dos anos 1970 e 1980.

Como mostram alguns autores, com destaque para Chesnais[30], o processo de aquisições e fusões que se intensificou a partir da crise de meados dos anos 1970 foi acompanhado da transnacionalização dos grandes grupos de capital, movimento que implica não só muito mais liberdade para suas decisões, como o estabelecimento, em várias das instâncias do processo de produção e realização do valor e com variados graus de profundidade, de terceirizações, franchising, parcerias e acordos de cooperação entre estruturas empresariais no plano mundial. Segundo Chesnais, essa transformação foi de tal ordem que provocou enorme discussão entre os especialistas em organização industrial sobre a natureza desses movimentos:

> Nos últimos vinte anos, assistiu-se a uma extensão considerável da gama de meios que permitem à grande empresa reduzir seu recurso à integração direta [...]. Essa evolução suscitou muitas discussões em economia industrial. No caso dos acordos de cooperação tecnológica, por exemplo, as novas formas de relações entre companhias têm sido caracterizadas, por certos autores, como sendo situadas "em algum lugar entre os mercados e as hierarquias" e, por outros, como acarretando um "requestionamento profundo do princípio de internalização". Analogamente, as modalidades recentes de acordos de terceirização são apresentadas por alguns como "um novo tipo de patronato" e, por outros, como formas de "quase integração vertical".[31]

Essas diferentes modalidades de externalização da produção e de reprodução do capital permitem aos grandes grupos mundiais a consolidação de seu poder econômico e de sua capacidade oligopolista, num momento em que se exige do capital a maior flexibilidade possível. A enorme gama de procedimentos de que eles hoje dispõem para organizar e reforçar esse poder implica, na maior parte dos casos, o estabelecimento de relações assimétricas perante o universo de capitais que operam no planeta. As exigências de uma etapa da acumulação dominada pelos imperativos típicos da valorização financeira vão empurrando os grandes grupos de capital não só a dividir o risco capitalista

---

[30] Ibidem.
[31] Ibidem, p. 104.

com os trabalhadores (trabalhadores "autônomos", contratação por projetos etc.) e com os consumidores (customização), mas também com o pequeno capital. São bastante conhecidas a esse respeito as histórias de grupos como a Nike, que detêm o controle de um enorme número de pequenos produtores domésticos espalhados por todo o planeta, particularmente nos países periféricos, e de outros, como a Benetton, que pura e simplesmente administram uma marca, por trás da qual se encontram milhares de unidades produtivas igualmente espalhadas pelo globo.

A transnacionalização do capital, ao fazer que os grandes grupos econômicos considerem "o mundo todo como espaço relevante para suas decisões de produção e investimento"[32], aparece como o outro lado da moeda da mundialização financeira e constitui um dos traços mais marcantes da configuração do capital produtivo nesta etapa da história capitalista. São substantivas e pouco alvissareiras as consequências dessa reconfiguração para a forma de inserção dos países periféricos no sistema-mundo capitalista[33]. Entre os anos 1950 e 1970, o que as empresas multinacionais pretendiam, porque precisavam disso (buscavam novos mercados), era a internalização de duplicatas de suas plantas industriais na periferia do capitalismo. Já nos anos 1990, o que marca a estratégia dos grupos transnacionais é a busca permanente de se livrar dos investimentos de longa duração, ganhando flexibilidade para explorar oportunidades lucrativas. Isso faz que as grandes corporações, num movimento desenfreado, operem deslocalizações de suas atividades, inclusive de sua capacidade produtiva, para qualquer lugar do planeta, sempre que isso for visto como uma possibilidade de redução de custos. Com isso, muitas vezes as atividades transferidas são aquelas mais simples e rotineiras, como as operações de montagem, enquanto as etapas mais complexas do processo produtivo (concepção do produto, definição do *design*, pesquisa e tecnologia, *marketing*) terminam, na maior parte dos casos, não sendo externalizadas.

---

[32] Marcio Pochmann, "Globalização e emprego", em R. Abramovay, G. Arbix e M. Zilbovicius (orgs.), *Razões e ficções do desenvolvimento* (São Paulo, Edusp/Editora Unesp, 2001), p. 251.

[33] Seguiremos, nessa questão, a análise de Pochmann (ibidem).

128 • Brasil *Delivery*

É evidente que a industrialização periférica que ocorre nesses moldes não pode ter como resultado uma maior homogeneização do espaço econômico mundial – especialmente em termos de geração de renda, como tendia a acontecer na etapa anterior –, visto que a atratividade desses espaços para as grandes corporações está muito mais nos baixos custos do que nas potencialidades dos mercados locais. Do lado dos candidatos a recebedores desses "investimentos", há uma corrida frenética a fim de oferecer condições o mais satisfatórias possível para atraí-los. Isso implica não apenas forte subsídio estatal direto ou indireto, como principalmente a supressão de direitos trabalhistas, com a desregulamentação e a flexibilização dos mercados de trabalho[34].

Por isso, um dos resultados mais perversos dessa nova divisão internacional do trabalho é a intensificação das possibilidades de extração de mais valor por meio da criação de mais-valia absoluta. Num país como o Brasil, onde tais práticas nunca foram de fato deixadas de lado, a combinação desses elementos tende a transformar o país, do ponto de vista da produção industrial, num grande chão de fábrica nos moldes daqueles do início da industrialização no centro do sistema, ou seja, com precaríssimas condições de trabalho, jornadas sem fim e uma massa de trabalho vivo sem a menor qualificação, no melhor estilo taylorista[35].

Mas, mesmo com todas essas "vantagens" para o capital transnacional, que tem como consequência a redução permanente da qualidade dos postos de trabalho gerados pela indústria, o Brasil vem experimentando, desde o início dos anos 1980, um claro retrocesso no perfil de suas atividades e na forma de sua inserção na produção mundial. Não se trata apenas de, no setor industrial, o país produzir cada vez mais bens considerados quase commodities (alta escala de produção, baixo preço unitário, simplificação tecnológica e rotinização das tarefas). Trata-se de uma redução acentuada da importância do setor industrial brasileiro, como indica o fato de o emprego industrial nacional ter chegado a representar 4,2% do emprego in-

---

[34] Mesmo essa submissão toda não garante que o país receptor deixe de ser vítima, em curto espaço de tempo, de uma nova "deslocalização".

[35] Não é demais lembrar que as regiões periféricas acabam por atrair igualmente aquelas atividades que requerem de modo extensivo o uso de matérias-primas e energia e que são, portanto, não só insalubres, como poluidoras do ambiente.

O projeto neoliberal para a sociedade brasileira • 129

dustrial mundial nos anos 1980 e atualmente sua participação ter chegado à casa dos 3,1%[36].

O relatório da Conferência das Nações Unidas sobre o Comércio e o Desenvolvimento (Unctad) de 2003 classifica os países em desenvolvimento em quatro grupos[37]: os de *industrialização madura*, como Coreia e Taiwan, que apresentam decréscimo no crescimento industrial porque já teriam atingido um grau elevado de industrialização; os de *industrialização rápida*, como China e Índia, que têm logrado elevadas taxas de investimento doméstico mediante políticas industriais e de incentivo às exportações; os de *industrialização de enclave*, como o México, que a despeito de terem conseguido aumentar sua participação na exportação de manufaturados têm tido desempenho insuficiente em termos de investimento, valor agregado e produtividade total; e os países *em vias de desindustrialização* cujo rótulo é por si só suficiente para entender do que se trata. Neste último grupo encontram-se vários países da América Latina, entre eles a Argentina e o Brasil. Essas economias caracterizam-se por queda ou estagnação dos investimentos e participação da produção manufatureira no PIB em declínio. Segundo Belluzzo[38], as décadas de 1980 e 1990 presenciaram no Brasil um processo de desindustrialização relativa, com o rompimento dos nexos interindustriais das principais cadeias de produção e com a redução substantiva do setor de bens de capital, movimento esse que, em termos macroeconômicos e de contabilidade nacional, significa uma redução do valor agregado interno sobre o valor bruto da produção.

Assim, em tempos de predominância da chamada "nova economia" – aceleração da difusão das tecnologias de informação e de comunicação e retomada do crescimento da produtividade do trabalho –, o Brasil engatou a marcha a ré. Na explicação desse movimento perverso há, de um lado, um fator estrutural, mas, de outro, um fator político. Francisco de Oliveira[39] dá conta de explicar o primeiro. Para ele, o paradigma molecular-digital, que caracteriza essa nova eco-

---

[36] Marcio Pochmann, "Globalização e emprego", cit., p. 261.
[37] As informações estão em Luiz Gonzaga Belluzzo, "Indústria: sinal amarelo", *Carta Capital*, n. 371, 2005, p. 38-9.
[38] Ibidem, p. 40.
[39] *Crítica à razão dualista/O ornitorrinco* (São Paulo, Boitempo, 2003).

130 • Brasil *Delivery*

nomia[40], além de trazer unidas ciência e tecnologia e estar trancado nas patentes, não sendo, portanto, universalizável, é descartável e efêmero, exigindo um esforço permanente de investimento que está sempre acima das forças internas de acumulação dos países periféricos. Nesse contexto, o que resta a esses países a título de "desenvolvimento tecnológico" são apenas os bens de consumo, o descartável que eles podem (e devem) copiar. O Brasil, por exemplo, é hoje um dos grandes produtores de celulares, mas sua atuação limita-se às atividades já rotinizadas de fabricação e montagem, estando muito longe das atividades de pesquisa e tecnologia responsáveis pela evolução assombrosa de conteúdo tecnológico.

Mas, como adiantamos, na história da regressão experimentada pelo país no último quarto de século não há apenas esse elemento, que tem que ver com a evolução estrutural do capitalismo. Outras áreas periféricas, como mostra o relatório da Unctad, vêm se saindo melhor na empreitada de engatar suas economias à economia global e propiciar, ao mesmo tempo, a geração interna de investimento e emprego. Nos países dos dois primeiros grupos houve e há uma preocupação em estabelecer políticas industriais e de incentivo às exportações, que fomentem o investimento no conteúdo tecnológico das manufaturas e em sua ampliação, permitindo a apropriação do aumento das vendas externas pelo circuito interno de renda[41]. Para que se complete, portanto, a explicação do retrocesso brasileiro, é preciso adicionar à questão das transformações maiores por que passa o capitalismo um fator sociopolítico interno, já que, como observou Marx, a articulação das formas econômicas inclui a política como seu elemento estruturante.

---

[40] A base material da chamada "nova economia" (François Chesnais, em "'Nova Economia': uma conjuntura específica da potência hegemônica no contexto da mundialização do capital", *Revista da Sociedade Brasileira de Economia Política*, n. 9, dez. 2001, faz uma avaliação do conteúdo ideológico do termo) é a terceira revolução industrial, que eclodiu nos anos 1970 e é marcada pela difusão em escala industrial da informática e das tecnologias avançadas de comunicação, bem como pelo aprofundamento e a diversificação de uso da pesquisa biogenética. A primeira revolução industrial começou na Inglaterra, na segunda metade do século XVIII, e teve como seus elementos característicos o tear mecânico, a máquina a vapor e o transporte ferroviário. A segunda, no começo do século XX, liderada pelos Estados Unidos, foi marcada pelas indústrias automobilística e de eletrodomésticos, pela indústria química, pela energia elétrica, pelo petróleo e pelo aço.

[41] Luiz Gonzaga Belluzzo, "Indústria: sinal amarelo", cit., p. 39.

O projeto neoliberal para a sociedade brasileira • 131

É preciso inicialmente lembrar, então, que a necessidade de não deixar passar o bonde da história foi o argumento mais forte dos arautos do neoliberalismo para, no Brasil do início de 1990, advogar as medidas liberalizantes que nos levariam ao admirável mundo novo da globalização. Tal discurso, que para os olhos mais críticos sempre pareceu tão somente uma desculpa para justificar a submissão incondicional do país a interesses a ele alheios, foi a arma utilizada para convencer uma população recém-saída da ditadura – e com o movimento de massas ainda se estabelecendo e se institucionalizando – de que o neoliberalismo seria o único caminho para tirar o país da crise em que ingressara nos anos 1980 (esta, como sabemos, foi produzida pela elevação das taxas de juros norte-americanas e pela estagnação do crescimento e acirramento da inflação que se seguiu). Nesse processo, o papel das elites foi de extrema importância. Ainda que não estivessem disso exatamente conscientes, a possibilidade de internacionalizar de vez seu padrão de vida, e com a possibilidade, que ficaria ao alcance da mão, de desterritorializar sua riqueza, fez as elites brasileiras, que padecem de crônico sentimento de inferioridade, abraçarem de modo incondicional o discurso neoliberal e o defenderem com unhas e dentes, ainda que, contraditoriamente, acabassem por utilizar os elementos da receita neoliberal, como as privatizações e a necessidade de superávit nas contas públicas, para hierarquizar e "pessoalizar" as relações de mercado.

Abraçado o projeto neoliberal, vendeu-se a ideia de que o Brasil pegaria o bonde da história pela via do comércio exterior. A esse respeito, ficou célebre um artigo de Gustavo Franco – "Inserção externa e desenvolvimento econômico", que circulou informalmente em 1996 – em que o ex-presidente do Bacen, então seu diretor da área externa, demonstrava, por meio de um modelo, de que maneira as medidas modernizantes, com destaque para a abertura econômica, produziriam um choque de produtividade na economia do país, permitiriam a conquista de um lugar ao sol no comércio globalizado e, ainda por cima, distribuiriam renda. Mas o Brasil entrou no bonde da história por outra porta e transformou-se em plataforma de valorização financeira internacional, bem em linha com o espírito rentista e financista dos dias que correm. Esse seu papel, juntamente com sua função de produzir bens de baixo valor agregado e, de preferência, com a utilização de mais-valia absoluta (afinal de contas, o custo irrisório da mão de obra é nossa verdadeira

132 • Brasil *Delivery*

"vantagem comparativa"!), completa a caracterização da participação do Brasil na divisão internacional do trabalho do capitalismo contemporâneo. A apresentação em mais detalhes desse último papel será feita na seção a seguir, pois vai ficando visível na própria história da era neoliberal em nosso país.

5. A era neoliberal no Brasil: servidão financeira e estado de emergência econômico

O discurso neoliberal no Brasil começou a se afirmar e a fincar raízes nas eleições presidenciais de 1989. Ainda atolado num problema inflacionário que parecia insolúvel, mas ao mesmo tempo esperançado com as conquistas expressadas na nova Constituição elaborada um ano antes, o país se dividiu entre o discurso "liberal-social" de Collor e o discurso popular e democrático de Lula e do Partido dos Trabalhadores. Ecoando o arrazoado da desestatização da economia, que nascera no governo Figueiredo por conta das pendengas do capital nacional relacionadas aos arranjos do II Plano Nacional de Desenvolvimento (II PND), advogando a necessidade da transparência e da austeridade nos gastos públicos e embrulhando tudo isso na pregação moralista da "caça aos marajás", Collor vence as eleições e dita, para o próximo período, a agenda de transformações que ele pouco concretizaria.

Passados os tumultuados anos desse primeiro governo civil diretamente eleito – sequestro de ativos, aproximação da hiperinflação, *impeachment* do presidente –, o então ministro da Fazenda Fernando Henrique Cardoso, embalado no sucesso do Plano Real, vence as eleições de 1994 (também contra Lula) e assume o governo federal no início de 1995 com o declarado projeto de "modernizar" o país, mais particularmente suas instituições. Esse princípio básico de seu projeto tomou a forma concreta de um ousado e ambicioso plano de privatizações e de uma abertura substancial da economia. Mas, com essas realizações, uma série de outras providências foram tomadas para transformar o Brasil numa economia financeiramente emergente, a começar da própria estabilização monetária, obtida no ano anterior. Vejamos isso mais de perto.

O Brasil do fim dos anos 1980 não estava bem preparado – nem institucional nem concretamente – para desempenhar o papel de economia financeiramente emergente. Em primeiro lugar, as altas taxas de

O projeto neoliberal para a sociedade brasileira • 133

inflação que persistiam por aqui produziam abruptas alterações no nível geral de preços e em sua variação. Nessas condições, complicava-se sobremaneira o cálculo financeiro que comanda a arbitragem com moedas e a especulação visando a ganhos em moeda forte (a taxa de câmbio real e a taxa real de juros sofrem contínuas oscilações). Além disso, com o caráter fortemente centralizado e regulado da política cambial de então, a valorização financeira porventura alcançada não tinha a liberdade necessária para pôr-se a salvo, em caso de turbulência.

Outro problema, também provocado pela persistência do fenômeno da alta inflação, era a dificuldade de controlar os gastos do Estado. Tendo em vista o caráter rentista desse tipo de acumulação – e considerando que uma de suas bases mais importantes é a dívida pública –, a confusão nos gastos públicos produzida pela alta inflação problematizava a extração de renda real que deve valorizar esse "capital fictício", como o denomina Marx[42].

O tamanho e o grau de intervenção do Estado na economia constituía um problema extra, problema que avultara com os deveres adicionais que a Constituição de 1988 lhe tinha criado. Um Estado com tantas demandas e tantas tarefas constitucionalmente impostas não podia priorizar nem garantir ganhos reais às aplicações financeiras.

O ambiente no qual os negócios aconteciam também não ajudava, visto que, em caso de colapso empresarial, a legislação então vigente punha à frente dos direitos dos credores financeiros os direitos dos empregados e os direitos do Estado. Para os credores do Estado, a situação não era muito diferente, pois não havia nenhum dispositivo capaz de exercer um controle mais rigoroso dos governantes, a fim de garantir que os compromissos financeiros fossem honrados.

Na questão previdenciária estava mais um sério obstáculo para que o país se integrasse de imediato à mundialização financeira. Nosso sistema previdenciário era marcado pelo regime de repartição simples, caracterizado pela solidariedade intergeracional e pela posição do Estado como seu principal ator. Esse sistema não combinava com os novos tempos – não só por conta do peso dessas despesas no orçamento público, como pela privação, sofrida pelo setor privado, de um mercado substantivo e promissor, até então praticamente monopolizado pelo Estado.

---

[42] Vide capítulo XXIV do Livro I de *O capital.*

134 • Brasil *Delivery*

Começando no governo Collor, atravessando o de Itamar e as duas gestões de FHC e chegando a Lula, quase todas as transformações necessárias para enfrentar esses obstáculos foram feitas, em conjunto com as privatizações e a abertura comercial. Como já mencionamos, a difusão cada vez maior do discurso neoliberal produziu, desde o governo Collor, os argumentos necessários para promover, num país recém-democratizado, com um ativo movimento social e ainda comemorando as "conquistas" de 1988, esse tipo de mudança. Desde a eleição de Collor, passou a ser voz corrente a inescapável necessidade de reduzir o tamanho do Estado, privatizar empresas estatais, controlar gastos públicos, abrir a economia etc. Os ganhos prometidos iam do lugar ao sol no mercado global ao desenvolvimento sustentado, da manutenção da estabilidade monetária à distribuição de renda, da evolução tecnológica à modernização do país. Collor não teve tempo para pôr em marcha esse projeto – a não ser, muito timidamente, o processo de privatização –, mas a referida pregação ganhou força inegável e passou a comandar todos os discursos.

É no governo Itamar que têm lugar as primeiras mudanças de peso a fim de preparar o país para sua inserção no circuito internacional de valorização financeira. Logo no início de seu governo, no fim de 1992, a diretoria da área externa do Banco Central, sem ouvir, como era exigência no caso, o Parlamento, encarregou-se, por meio de mudança que promoveu nas chamadas contas CC5, das providências para abrir o mercado brasileiro de capitais, retirando entraves que impediam a livre saída de recursos do país[43]. Também em seu governo foram "resolvidas" as questões pendentes desde a moratória decretada pelo presidente Sarney em 1987. Essa resolução passou não apenas pela securitização da dívida externa, como pela abertura do mercado brasileiro de títulos privados e públicos.

Ainda no governo Itamar surge o Plano Real. Anunciado como plano de estabilização necessário para domar o renitente processo inflacionário, o Plano Real foi em verdade muito mais do que isso. Além de resolver a questão inflacionária que impedia a abertura formal da economia de se transformar em abertura real, o plano abriu espaço para uma série de outras mudanças que teriam lugar no governo de FHC, já que a

---

[43] Para maiores detalhes sobre a forma e o conteúdo dessas alterações vide o segundo artigo desta coletânea.

O projeto neoliberal para a sociedade brasileira • 135

preservação da estabilidade monetária então conquistada serviu de álibi para justificar da abertura comercial desordenada às privatizações financiadas com dinheiro público, da inaceitável sobrevalorização da moeda à elevação inédita da taxa real de juros, e assim por diante. É em função disso que se pode dizer que, a partir do Plano Real, há um sentimento difuso de "emergência econômica". Trata-se de uma espécie de estado de exceção econômico que vai sendo paulatinamente decretado e que justifica qualquer barbaridade em nome da necessidade de salvar o país. Voltaremos a esse tema na análise do momento atual.

É também no contexto das mudanças institucionais necessárias para colocar o Brasil como emergente mercado financeiro que se deve analisar a edição, em maio de 2000, da Lei Complementar nº 101 (Lei de Responsabilidade Fiscal – LRF). Essa lei coloca acima de quaisquer outros os interesses dos credores do Estado e os do capital em geral – bem como toda a série de benefícios legais de que desfrutam –, não deixando dúvidas quanto à seriedade das boas intenções do governo de FHC para com eles. *Last but not least*, FHC começou a reforma do sistema previdenciário, que Lula terminaria[44].

Além de concluir a reforma previdenciária, o governo Lula completou outra reforma iniciada no governo FHC. Se na reforma previdenciária coube a Lula estender aos trabalhadores do setor público as mesmas alterações que FHC impusera aos trabalhadores do setor privado, retirando-lhes direitos antes existentes, com a nova Lei de Falências, aprovada em fevereiro de 2005, Lula produz para os credores do setor privado o mesmo aumento de direitos que a LRF de FHC produzira para os credores do setor público. Vendido como parte da "modernização", o novo dispositivo legal dá maior prioridade às dívidas financeiras garantidas por bens móveis ou imóveis, colocando-as à frente das dívidas tributárias e das dívidas trabalhistas de valor superior a R$ 39 mil.

Além disso, Lula coloca ainda em sua agenda uma série de outras mudanças, como a autonomia do Banco Central, o aumento e a prorrogação da Desvinculação de Recursos da União (DRU) e a continuidade do processo de abertura financeira da economia. A autonomia do Banco Central garante que a política monetária será conduzida de modo que sempre honre o pagamento do serviço da dívida e premie, com juros reais

---

[44] Para maiores detalhes sobre todas essas mudanças vide o segundo e quinto artigos desta coletânea.

136 • Brasil *Delivery*

substantivos, os detentores de papéis públicos. O aumento de recursos orçamentários desvinculados eleva os graus de liberdade do governo em sua utilização, o que evidentemente facilita o cumprimento dos objetivos relacionados aos superávits primários e libera o governo dos estorvos criados pela Constituição de 1988. Se isso puder ser feito sem a necessidade de, periodicamente, buscar a autorização do Congresso, tanto melhor. Finalmente a continuidade do processo de abertura, além de abrir aos não residentes novas oportunidades de investimentos e conceder-lhes novos benefícios fiscais, avança nas chamadas outward transactions, reduzindo a cobertura cambial às exportações e barateando e facilitando ainda mais as remessas de recursos ao exterior.

O que o governo de FHC esperou e o de Lula continua a esperar com todas essas reformas é um lugar de destaque em meio aos "emergentes", com direito a investment grade, uma espécie de medalha de honra ao mérito que "os mercados" (leia-se, o capital financeiro internacional) conferem aos países considerados os mais seguros do ponto de vista dessas aplicações. A tendência, portanto, é que a financeirização da economia brasileira se internacionalize cada vez mais. Como fica claro, a inserção externa do Brasil não se deu pela via do comércio exterior, como se alardeou quando houve a necessidade de defesa das medidas tomadas. Desse ponto de vista, aliás, não saímos do lugar – e chegamos a piorar. Nossa participação no bolo total do comércio internacional mundial não saiu dos 0,7%. Mas perdemos posições no *ranking* mundial de competitividade (caímos oito posições) e pioramos também num tipo de classificação que é indicativa da qualidade do que exportamos em valor agregado: desde 1990, a participação do Brasil no *ranking* do valor agregado manufatureiro caiu de 2,9% para 2,7%. Só para se ter uma ideia do que isso significa, a Argentina, com tudo o que passou, manteve sua participação em 0,9%[45]. Compare-se essa performance com o fato de as despesas com pagamento de rendas de fatores derivados de investimentos em carteira da balança de serviços brasileira ter crescido 25 vezes nos últimos quinze anos (passou de US$ 432,5 milhões em 1990 para US$ 11,2 bilhões em 2004). Esse tipo de despesa, que inclui lucros e dividendos de ações e juros de títulos de renda fixa, é típica da internacionalização financeira na qual vem se inserindo o Brasil com tanta disposição.

---

[45] Unctad apud Luiz Gonzaga Belluzzo, "Indústria: sinal amarelo", cit., p. 40.

Assim, uma pergunta fica no ar: de que maneira tudo isso pôde ser feito? Já adiantamos o papel importante que o discurso neoliberal cumpriu, com suas promessas de desenvolvimento sustentado e modernização, para convencer um país recém-democratizado e cheio de planos de soberania e desenvolvimento a entrar numa era de austeridade para com os gastos *stricto sensu* sociais, e, ao mesmo tempo, de concessão de prêmios à aplicação financeira e de entrega do patrimônio nacional[46]. Já antecipamos também que um sentimento difuso de "emergência econômica", no sentido de exceção, vem acompanhando a emergência do país como promissor mercado financeiro. Mas é no governo Lula que a decretação desse estado de emergência converte-se em necessidade.

Desde o início, para justificar o fato de estar adotando uma política econômica mais ortodoxa e conservadora que a de seu antecessor, o governo Lula utilizou o argumento (falacioso)[47] de que essas medidas eram necessárias para retirar a economia brasileira da beira do abismo em que se encontrava. Em abril de 2003, todos os indicadores mais observados pelos "mercados" já haviam revertido: os indicadores de preço já haviam se reduzido substantivamente e, em alguns casos, já estavam se tornando negativos; o risco-país caíra muito; a taxa de câmbio já engatara a trajetória de queda; e o C-Bond via crescer novamente seu preço. Mas, uma vez superado o momento inicial, as surpreendentes medidas primeiramente adotadas se perpetuaram, em vez de serem alteradas. O governo teve de fazer a mágica de mostrar que o estado de emergência que guiou seus primeiros passos era o contrário de si mesmo, que tinha vindo para ficar, e com ele o regime de emergência então implantado. E foi bem-sucedido nisso. Consideradas as expectativas da época sobre o novo governo, a política por ele implementada seria de difícil sustentação sem a decretação branca, porém firme, desse estado de exceção.

---

[46] Em meados de 2000, um alto executivo da poderosa corporação espanhola Iberdrola afirmou que não entendia que razão podia ter o Brasil para vender empresas estatais bem estruturadas e lucrativas. Considerando que o personagem em questão é um executivo e deve entender do que fala, seu pronunciamento funciona como comprovação de que a gestão do Estado "como se fosse um negócio", sendo contraditória por definição, produz, como já observamos, o resultado contrário ao observado nos negócios usuais, a saber – a dilapidação do Estado (e do país).

[47] Vide a respeito Leda Paulani, "Brasil *Delivery*: a política econômica do governo Lula", *Revista de Economia Política*, São Paulo, v. 23, n. 4, out./dez. 2003.

138 • Brasil *Delivery*

Mas o estado de exceção é justamente o oposto do estado de direito. Sob seus auspícios, uma espécie de vale-tudo toma o lugar do espaço marcado por regras, normas e direitos. Trata-se da suspensão da normalidade, da suspensão da "racionalidade". São puras medidas de força justificadas pelo estado de emergência e pela necessidade de "salvar" a sociedade (nesse caso em que a emergência se tornou norma, trata-se de salvar a sociedade do eterno perigo da inflação e do inaceitável pecado da perda de credibilidade). A armação do estado de emergência econômico que presenciamos foi, assim, condição de possibilidade para que nossa relação com o centro passasse da dependência tecnológica típica da acumulação industrial à subserviência financeira típica do capitalismo rentista. No caso da etapa anterior, já nos estertores do modo fordista de regulação, seu momento final exigiu no Brasil um estado de exceção jurídico. No caso da etapa contemporânea, de dominância financeira, a normalidade jurídica exige o estado de emergência econômico. Nesse contexto, a ascensão ao governo federal de um partido historicamente de esquerda e historicamente adversário do estado de emergência, que se especializara justamente em denunciar suas arbitrariedades, gerou a expectativa de uma "volta à normalidade". Tendo o governo adotado o caminho inverso ao esperado, só lhe restou agarrar-se de vez ao estado de emergência, decretando sua completa e total normalidade.

6. Os impasses do projeto neoliberal no Brasil: à guisa de conclusão

Como vimos, a inserção de nosso país no mundo globalizado pela via de sua transformação num mercado financeiro emergente tem nos reservado um papel melancólico na divisão internacional do trabalho, além dos efeitos deletérios que tem produzido para a economia nacional e para sua capacidade de produzir uma sociedade menos fracionada e barbarizada. A continuidade desse projeto só afundará o Brasil no mesmo atoleiro, metendo-o cada vez mais na armadilha que o impede de crescer e de praticar soberanamente políticas que revertam o secular quadro de desigualdade de renda e de descalabro patrimonial que tem marcado nossa história.

O governo Lula não contribuiu para criar uma alternativa e inverter essa rota desastrosa. Ao contrário, frustrou-se, mais uma vez, o processo de refundação da sociedade brasileira, cujo início (ao menos) dele se

O projeto neoliberal para a sociedade brasileira • 139

esperava, depois da devastação produzida pelos governos militares. Antes dessa frustração vieram a empolgação com as diretas, a primeira eleição para presidente, o Plano Cruzado, a Constituinte e o Plano Real. Em todas essas oportunidades prevaleceu a ideia de que seria resgatado o processo de construção da nação, interrompido politicamente em 1964 e economicamente uma década depois. Nesse meio-tempo, o capitalismo se transformou, assim como se alterou a relação do centro com a periferia. O alcance do estatuto de nação desenvolvida ficou mais distante – e tão mais distante quanto mais profunda foi se configurando a submissão das elites dos países periféricos aos imperativos da acumulação financeira e aos acenos enganosos do discurso neoliberal.

No caso do Brasil, essa submissão foi completa; tão completa que mesmo um governo pilotado por um partido operário nascido de baixo para cima, da árdua luta dos trabalhadores, foi incapaz de escapar dela. Trata-se de um impasse histórico para ninguém botar defeito. Para sair dessa situação é preciso, mais do que nunca, força política e disposição de enfrentar interesses secularmente constituídos e que foram devidamente vitaminados nesses últimos quinze anos de escancarado e depois envergonhado neoliberalismo. Mas tal força não virá apenas de uma elite governante esclarecida. Sem mobilização social que empurre na direção necessária, nosso destino será a manutenção desse modelo – e, quanto mais o país persistir nele, tanto mais difícil será retomar o projeto de fazer do Brasil um lugar condizente com suas condições e potencialidades, uma nação generosa e soberana.

Quando escreveu a *Crítica à razão dualista*, mais de três décadas atrás, Francisco de Oliveira vaticinou no final: "Nenhum determinismo ideológico pode aventurar-se a prever o futuro, mas parece muito evidente que este está marcado pelos signos opostos do *apartheid* ou da revolução social"[48]. Como não sobreveio a revolução social, instalou-se, como ele previu, o *apartheid* social que presenciamos. Para parodiá-lo, hoje, temos de escrever: nenhum determinismo ideológico pode aventurar-se a prever o futuro, mas parece muito evidente que, se não enfrentarmos o *apartheid social, afundaremos na barbárie que já nos assombra e pereceremos como nação.*

---

[48] *Crítica à razão dualista/O ornitorrinco*, cit., p. 119.

O MAIS POLÍTICO DOS TEMAS ECONÔMICOS
à guisa de posfácio[1]

Tendo vencido as eleições presidenciais de 2006, Lula assumiu com o discurso da retomada do crescimento (a primeira gestão teria servido para "arrumar a casa", "fazer o dever", abrindo-se assim espaço, na segunda gestão, para enfrentar a questão do crescimento econômico). Desse modo, logo no fim de janeiro de 2007, lançou-se o Programa de Aceleração do Crescimento (PAC), que seria a peça de resistência dessa "nova" postura (como a política hiperortodoxa havia sido na primeira gestão). Foi ambígua a reação da chamada opinião pública a essa primeira investida no problema, com críticas sucedendo-se à direita e à esquerda. Por trás dessa ambiguidade, determinada visão sobre a natureza do processo de desenvolvimento (e sobre o crescimento do produto, ao qual normalmente ele está associado).

Desde o início dos anos 1990, em consonância com as transformações que ocorriam no plano mundial, tanto material quanto ideologicamente, a questão do desenvolvimento econômico foi ganhando foros de tema estritamente técnico. Estabilidade macroeconômica (leia-se monetária[2] mais "ambiente favorável" aos negócios (leia-se redução do risco dos investimentos e aplicações financeiras) e estaria garantido o crescimento substantivo e sustentado.

---

[1] Texto elaborado a partir de artigo escrito em conjunto com Rodrigo Alves Teixeira e publicado no caderno *Dinheiro* da *Folha de S.Paulo*, em 10/2/2007.

[2] Ressalte-se o caráter contraditório da "estabilidade" apregoada, já que a estabilidade monetária obtida em 1994 gerou vários pontos de instabilidade em outras áreas, como no balanço de pagamentos e no aspecto fiscal da economia brasileira.

142 • Brasil *Delivery*

Interessante notar que essa visão tecnicista deslanchou a partir do governo de Fernando Henrique Cardoso, justamente um dos maiores críticos, nas décadas de 1960 e 1970, da concepção que tinha a Cepal do processo de desenvolvimento, para ele excessivamente "economicista". Ainda em 1995, já presidente da República, FHC pronunciou uma conferência em Washington com o título "Desenvolvimento: o mais político dos temas econômicos"[3], indicando que, ao menos em teoria, não se alterara sua opinião sobre o assunto. Na prática, porém, foi justamente sua gestão que consagrou a inversão na forma de encarar a questão.

Pois foi essa mesma visão que predominou no primeiro governo Lula. O lançamento do PAC, longe de demonstrar uma suposta virada da segunda gestão, demonstrou, ao contrário, a permanência dessa concepção estreita. Em poucas palavras, o governo garante a "estabilidade macroeconômica", com a autonomia do Banco Central, ataca alguns gargalos de infraestrutura e energia, incentiva o setor privado a investir e... conta com a sorte para que a situação externa não prejudique os planos[4].

Mas a ortodoxia também não se viu contemplada no PAC. Para os analistas ortodoxos, as medidas deveriam ter sido complementadas por aperto fiscal, reforma previdenciária e reforma tributária (desonerando a produção). As agências de classificação de risco protestaram: a Moody's descartou elevar a classificação do Brasil em razão da divulgação do PAC, e a Merryl Linch declarou que o PAC traz "incerteza fiscal".

Esse tipo de reação deixa claro o caráter eminentemente político do desenvolvimento. A sinalização de que o governo iria realizar investi-

---

[3] A referida conferência foi publicada posteriormente no caderno *Mais!* da *Folha de S.Paulo* e na *Revista de Economia Política*.

[4] Apesar da suposta e tão alardeada redução da vulnerabilidade externa do país, o Brasil parece cada vez mais distante de obter o sonhado passaporte financeiro internacional (o investment grade). Tendo quase alcançado a honraria em 2007, o mercado vê agora com pessimismo a possibilidade de obtê-la em 2008, dado o déficit de transações correntes previsto para esse ano, em função da valorização do real. Outro sinal de que a redução da vulnerabilidade não é efetiva é que, nos momentos de turbulência nos mercados internacionais, como os que foram experimentados em 2007, provocados quase todos eles pelos desacertos da economia norte-americana, ocorre um movimento assimétrico segundo o qual a moeda dos Estados Unidos desvaloriza-se ainda mais mundo afora, mas valoriza-se apenas contra o real. Essa assimetria é provocada, entre outros fatores, pela política monetária desmesurada, pelos imensos volumes de capital de curto prazo que o país tem atraído e pela total abertura financeira.

O mais político dos temas econômicos • 143

mentos para estimular o crescimento provocou insatisfação nos setores rentistas, ou seja, naquela parcela da sociedade que vive de rendas, em particular da imensa transferência que se processa pelo Estado, o qual recolhe impostos oriundos da renda gerada pela sociedade toda e, como pagamento do serviço da dívida pública, os repassa a poucos.

A descomunal influência que hoje detêm os interesses rentistas está relacionada à atual fase experimentada pelo capitalismo – a de um movimento de acumulação que se processa sob a dominância da valorização financeira e que torna atraentes as periferias do sistema não mais como alternativas para a expansão industrial, mas como plataformas de ganhos rentistas[5]. O modelo macroeconômico seguido pelo Brasil de Lula espelha essa dominância. É isso o que está na raiz da servidão financeira do Estado, traduzida na hiperortodoxia da política monetária.

Como se combinou com um exacerbamento do ciclo de liquidez e crescimento experimentado pela economia mundial, o lançamento do PAC acabou por ter algum efeito na taxa de crescimento (afinal foi "demanda direta na veia da economia", como afirmou, de modo não tão preciso, a ministra Dilma Roussef por ocasião do lançamento

---

[5] Para que não se diga que se trata aqui de mera retórica oposicionista e/ou de uma tese que carece de comprovação empírica, os jornais noticiaram fartamente que os ganhos em moeda forte por conta da posse de títulos da dívida pública do Brasil, que já são extremamente elevados para os residentes, são ainda maiores (o dobro) para os não residentes. De fevereiro de 2006 a outubro de 2007, a posse de títulos públicos rendeu aos investidores domésticos um ganho de 42% sobre o valor aplicado, ao passo que os não residentes auferiram um ganho de 89% no mesmo período. O que explica isso é em parte o processo de valorização da moeda doméstica, produzido, por sua vez, num movimento autorreferencial, pelo próprio comportamento desses investidores, e em parte a isenção do imposto de renda sobre os ganhos provenientes desses ativos para investidores estrangeiros. No que concerne ao primeiro dos fatores responsáveis por esse ganho extra poder-se-ia alegar que o governo tem pouco o que fazer, dada a dinâmica dos mercados mundiais e o sistema de câmbio flutuante que está em vigor; mas a tese é frágil, uma vez que o governo tem feito tudo que está a seu alcance para justamente manter essa posição de emissor de ativos altamente demandados no mercado internacional. Mas se há uma desculpa, ainda que contestável, para a existência do primeiro fator, é evidente que não há nenhuma para a existência do segundo, a não ser a deliberada intenção de fazer o país desempenhar, na configuração armada pela nova divisão internacional do trabalho, o papel que o jogo patrocinado pelo centro do sistema, em consonância com as elites domésticas da periferia, nos impõe, qual seja o de plataforma de valorização financeira internacional.

144 • Brasil *Delivery*

do programa[6]), mas não alterou em nada esse entrave estrutural. Seu lançamento só explicita o quão político é o conflito entre gerar renda e capturar renda, particularmente num modelo em que a captura tem primazia sobre a geração.

Ao contrário do que imaginam os ideólogos do governo[7], mesmo considerando o PAC em conjunto com as políticas sociais, meia dúzia de intenções, com atuações dispersas do Estado em áreas específicas, não se confunde com um plano integrado de desenvolvimento. Ao contrário, revela dele uma concepção rasa e tecnicista. Enquanto estas linhas são escritas, ao apagar das luzes de 2007, o governo vê recusado no Congresso seu projeto de manter a existência da CPMF, e o primeiro item que é lembrado pelas autoridades como candidato a promover o ajuste da despesa à receita diminuída de que disporá o governo em 2008 é justamente o PAC. Mesmo que isso não venha a acontecer, a lembrança revela o quão frágil e distante é o PAC de um verdadeiro plano de desenvolvimento para o Brasil. Um plano digno do nome passaria pela recuperação da capacidade do país de fazer política econômica, o que implicaria a vontade política de alterar o modelo sob cuja batuta nos encontramos.

Essa vontade evidentemente não existe, pois a dominância financeira já se instalou na articulação entre classes e grupos sociais nacionais e estrangeiros. Assim, por exemplo, temos, de um lado, os agentes do mercado financeiro doméstico, cujo poder reflete-se na influência que exercem na escolha da diretoria do Banco Central (que geralmente provém de seus quadros) e, de outro lado, os agentes do mercado financeiro internacional, como mostraram as reações das agências de *rating* como Moody's e Merryl Linch ao lançamento do PAC. Além da

---

[6] A afirmação da ministra foi de que o PAC significava "dinheiro público direto na veia da economia", o que constitui uma apreciação incorreta do fenômeno macroeconômico para o qual ela estava querendo chamar a atenção. Com nível de atividade inferior ao pleno emprego, a injeção de dinheiro, desde que funcione efetivamente como poder de compra acrescido, tem sempre o mesmo efeito (aumentar a taxa de crescimento da economia), quer provenha ele do setor público ou do setor privado. O que a ministra quis dizer com sua expressão pouco precisa é que a injeção de dinheiro público patrocinada pelo PAC tem 100% de garantia de funcionar como demanda efetiva adicional.

[7] Vide, por exemplo, Juarez Guimarães, "A nova economia política do governo Lula", *Teoria e Debate*, n. 72, jul./ago. 2007.

O mais político dos temas econômicos • 145

prática e da defesa incontestes da política ortodoxa no plano monetário, a dominância financeira revela-se também no dia a dia da economia. Nessa conjuntura, também os grandes grupos industriais se financeirizam, com o aumento da importância dos ganhos financeiros em relação aos ganhos operacionais, o sistema bancário tem aumento dos ganhos com operações especulativas de tesouraria em relação aos ganhos com o fornecimento de crédito, e até mesmo certas categorias de trabalhadores, cotistas de fundos de pensão, entram na ciranda financeira, pois parte importante de seu estoque de riqueza vê seu crescimento atrelado ao recebimento de rendas financeiras.

O PAC não traz nenhuma medida que seja capaz de minorar a força desse empecilho estrutural ao desenvolvimento econômico. Esse entrave está engastado na atual configuração do poder, a qual encontra num governo tímido perante o vigor da dominância financeira um aliado de extrema importância. A manutenção de um modelo econômico em que o país, mesmo nos períodos de calmaria, como o atual, cresce menos que os demais[8], enquanto a reversão está sempre à espreita se os ventos mudam, é a expressão clara dessa timidez e dessa subserviência a interesses alheios aos da imensa maioria da população.

A despeito da retórica do crescimento, da margem de manobra que teria sido conquistada pelo Estado (como "prêmio" pelo bom comportamento nos quatro anos anteriores) e da "nova economia política" que estaria em andamento na segunda gestão, o governo Lula continua, no fundamental, a desempenhar o mesmo papel que antes: pratica uma política monetária hiperconservadora, defende reformas liberais, patrocina uma abertura financeira incondicional e mantém sempre pronto, para uso imediato, o discurso da emergência[9] (afinal nunca se sabe se uma casa norte-americana não desabará sobre nossa cabeça).

---

[8]   Como a imprensa se cansou de noticiar, mesmo estando o continente latino-americano, pelo menos desde 2002, em pleno surto de crescimento, o Brasil esteve sempre, entre 2003 e 2006, no grupo de países de menor crescimento.

[9]   Neste festejado ano de 2007, por exemplo, quando da intensificação do movimento que fez desabarem as bolsas de valores mundo afora (o que ocorreu em meados de agosto), o ministro da Fazenda, Guido Mantega, tido aliás como "desenvolvimentista", apressou-se a dizer que o Brasil estava no olho do furacão e que era impossível sair ileso das turbulências. Intencionalmente, ou não, deu força a um argumento que ajudou a estancar a queda da taxa Selic em outubro.

BIBLIOGRAFIA

ANDERSON, Perry. Balanço do neoliberalismo. In: SADER, Emir; GENTILI, Pablo (Orgs.). *Pós-neoliberalismo*: as políticas sociais e o Estado democrático. Rio de Janeiro, Paz e Terra, 1995. p. 10.

ANDRADE, Rogério de. Hayek: a contraposição liberal. In: CARNEIRO, Ricardo (Org.). *Os clássicos da economia*. São Paulo, Ática, 1997. p. 176.

ARANTES, Paulo Eduardo. A fratura brasileira do mundo. In: FIORI, José Luís; MEDEIROS, Carlos (Orgs.). *Polarização mundial e crescimento*. Petrópolis, Vozes, 2001. p. 291-343.

_____. Beijando a cruz. *Reportagem*, n. 44, maio 2003.

_____. Nação e reflexão. In: _____. *Zero à esquerda*. São Paulo, Conrad, 2004. (Coleção Baderna.)

_____. Um retorno à acumulação primitiva: a viagem redonda do capitalismo de acesso. *Reportagem*, jul. 2005.

BATISTA JR., Paulo Nogueira. Paciência! *Folha de S.Paulo*, 10 abr. 2003, p. B4.

BELLUZZO, Luiz Gonzaga de Mello. *Ensaios sobre o capitalismo do século XX*. São Paulo/Campinas, Editora Unesp/Unicamp, Instituto de Economia, 2004.

_____. Indústria: sinal amarelo. *Carta Capital*, n. 371, 2005.

BORGES NETO, João Machado. Um governo contraditório. *Revista da Sociedade Brasileira de Economia Política*, n. 12, jun. 2003.

BRENNER, Robert. *O boom e a bolha*: os Estados Unidos na economia global. Rio de Janeiro, Record, 2003.

CARDOSO, Fernando Henrique. *Política e desenvolvimento em sociedades dependentes*: ideologias do empresariado industrial argentino e brasileiro. 1. ed. Rio de Janeiro, Zahar, 1971.

_____. *Empresário industrial e desenvolvimento econômico no Brasil*. 2. ed. São Paulo, Difusão Europeia, 1972.

CARDOSO, Fernando Henrique. *As ideias e seu lugar*: ensaios sobre as teorias do desenvolvimento. 2. ed. Petrópolis, Vozes, 1995.

_____. Agenda para o século XXI. In: _____. *A utopia viável*: trajetória intelectual de Fernando Henrique Cardoso. Brasília, Presidência da República, 1995.

CARDOSO, Fernando Henrique; FALETTO, Enzo. *Dependência e desenvolvimento na América Latina*: ensaios de interpretação sociológica. 6. ed. Rio de Janeiro, Zahar, 1981.

CHESNAIS, François. *A mundialização do capital*. São Paulo, Xamã, 1996.

_____. Introdução geral. In: _____. (Org.) *A mundialização financeira*: gênese, custos e riscos. São Paulo, Xamã, 1998.

_____. "Nova Economia": uma conjuntura específica da potência hegemônica no contexto da mundialização do capital. *Revista da Sociedade Brasileira de Economia Política*, n. 9, dez. 2001.

_____. O capital portador de juros: acumulação, internacionalização, efeitos econômicos e políticos. In: _____. (Org.) *A finança mundializada*: raízes sociais e políticas, configuração, consequências. São Paulo, Boitempo, 2005.

DOBB, Maurice. *A evolução do capitalismo*. 2. ed. São Paulo, Nova Cultural, 1986. (Coleção Os Economistas.)

FATTORELLI, Maria Lúcia. A grande sangria. *Reportagem*, n. 57, jun. 2004.

FIORI, José Luis. Mirem-se na Espanha. *Carta Capital*, 16 abr. 2003. p. 50-2.

_____. Para Fiori, "revolta social" será crescente. *Folha de S.Paulo*, 9 maio 2004. (Entrevista concedida a Claudia Antunes.)

_____. Formação, expansão e limites do poder global. In: _____. (Org.) *O poder americano*. Petrópolis, Vozes, 2004. (Coleção Zero à Esquerda.)

_____. O poder global dos Estados Unidos: formação, expansão e limites. In: _____. (Org.) *O poder americano*. Petrópolis, Vozes, 2004. (Coleção Zero à Esquerda.)

FRANCO, Gustavo. *Inserção externa e desenvolvimento*. 1996. (Mimeo.)

FRONTANA, Andrés V. *O capitalismo no fim do século XX*. São Paulo, 2000. Tese (Doutorado em Economia) – Instituto de Pesquisas Econômicas, Universidade de São Paulo.

GUIMARÃES, Juarez. A nova economia política do governo Lula. *Teoria e Debate*, n. 72, jul./ago. 2007.

GUTTMANN, Robert. As mutações do capital financeiro. In: CHESNAIS, François (Org.). *A mundialização financeira*: gênese, custos e riscos. São Paulo, Xamã, 1998.

HARVEY, David. *A condição pós-moderna*. 9. ed. São Paulo, Loyola, 2000.

_____. *O novo imperialismo*. São Paulo, Loyola, 2003.

HAYEK, Friedrich. Economics and knowledge. In: _____. *Individualism and economic order*. Indiana, Gateway, 1948.

Bibliografia • 149

JEFFERS, Esther. A posição da Europa na valorização mundial dos capitais de aplicação financeira. In: CHESNAIS, François (Org.). *A finança mundializada*: raízes sociais e políticas, configuração, consequências. São Paulo, Boitempo, 2005.

LA BOÉTIE, Étienne de. *Discurso da servidão voluntária*. Trad. Laymert Garcia dos Santos. 3. ed. São Paulo, Brasiliense, 1986. (Ed. orig., 1577.)

LISBOA, Marcos. Brasil está menos dependente, crê Lisboa. *Folha de S.Paulo*, 17 mar. 2003, p. B6. (Entrevista concedida a Guilherme Barros.)

MARQUES, Rosa Maria; MENDES, Áquilas. O governo Lula e a contrarreforma previdenciária. *São Paulo em Perspectiva*, São Paulo, v. 18, n. 3, 2004.

MARX, Karl. *O capital*: crítica da economia política. Trad. Regis Barbosa e Flávio R. Kothe. São Paulo, Abril Cultural, 1983. Livros I a III. (Coleção Os Economistas.) (Ed. orig., 1867.)

_____. *O capital*. São Paulo, Abril Cultural, 1984. Livro I. (Coleção Os Economistas.)

MIRANDA, Sérgio. *A farsa da Lei da Responsabilidade Fiscal*. Brasília, Câmara Federal, 2000.

OLIVEIRA, Francisco de. *Os direitos do antivalor*. Petrópolis, Vozes, 1998. (Coleção Zero à Esquerda.)

_____. *Crítica à razão dualista/O ornitorrinco*. São Paulo, Boitempo, 2003.

_____. É preciso manter o estado de rebeldia. *Reportagem*, n. 41, fev. 2003. p. 17-22.

PATO, Christy Ganzert. *A forma difícil do pensar em brasileiro*: o marxismo smithiano de Fernando Henrique Cardoso. São Paulo, 2003. Dissertação (Mestrado em Ciência Política) – Faculdade de Filosofia, Letras e Ciências Humanas, Universidade de São Paulo.

_____. Teoria da dependência: a forma adequada do capital na periferia do sistema. In: ENCONTRO NACIONAL DE ECONOMIA POLÍTICA, X, 2005, Campinas. *Anais...* São Paulo, SEP, 2005.

PAULANI, Leda M. Hayek e o individualismo metodológico. *Lua Nova*, n. 38, 1996.

_____. Teoria da inflação inercial: um episódio singular na história da ciência econômica no Brasil?. In: LOUREIRO, Maria Rita (Org.). *50 anos de ciência econômica no Brasil*: pensamento, instituições e depoimentos. Petrópolis, Vozes, 1997.

_____. Neoliberalismo e individualismo. *Economia e Sociedade*, n. 13, 1999.

_____. A utopia da nação: esperança e desalento. In: PEREIRA, Luis C. Bresser; REGO, José M. *A grande esperança em Celso Furtado*: ensaios em homenagem aos seus 80 anos. São Paulo, Editora 34, 2001.

_____. Brasil *Delivery*. *Reportagem*, n. 44, p. 22-4, maio 2003.

_____. Brasil *Delivery*: a política econômica do governo Lula. *Revista de Economia Política*, São Paulo, v. 23, n. 4, out./dez. 2003.

PAULANI, Leda M. Brasil *Delivery*: razões, contradições e limites da política econômica nos seis primeiros meses do governo Lula. In: PAULA, João Antonio de (Org.). *A economia política da mudança*. Belo Horizonte, Autêntica, 2003.
_____. Dívida e penitência. *Reportagem*, n. 57, jun. 2004.
_____. Quando o medo vence a esperança: um balanço da política econômica do primeiro ano do governo Lula. *Crítica Marxista*, Campinas, n. 19, out. 2004.
_____. Sem esperança de ser país: o governo Lula 18 meses depois. In: SICSÚ, João; PAULA, Luiz Fernando de; MICHEL, Renaut (Orgs.). *Novo desenvolvimentismo*: um projeto nacional de crescimento com equidade social. Barueri/Rio de Janeiro, Manole/Konrad Adenauer, 2005.
_____. *Modernidade e discurso econômico*. São Paulo, Boitempo, 2005.
_____. O governo Lula é alternativa ao neoliberalismo? *Revista da Sociedade Brasileira de Economia Política*, n. 16, jun. 2005.
PAULANI, Leda M.; PATO, Christy G. Investimentos e servidão financeira: o Brasil do último quarto de século. In: PAULA, J. A. (Org.) *Adeus ao desenvolvimento*. Belo Horizonte, Autêntica, 2005.
PEREIRA, Raimundo Rodrigues. Uma manipulação extraordinária. *Reportagem*, n. 53, fev. 2004.
POCHMANN, Marcio. Globalização e emprego. In: ABRAMOVAY, R.; ARBIX, G.; ZILBOVICIUS, M. (Orgs.) *Razões e ficções do desenvolvimento*. São Paulo, Edusp/Editora Unesp, 2001.
ROSTOW, Walt Whitman. *The stages of economic growth: a non-Communist manifesto*. Cambridge, Cambridge University Press, 1960.
SANTOS, Chico. IBGE também diz que a inflação caiu em fevereiro. *Folha de S.Paulo*, 15 mar. 2003. *Dinheiro*, p. 4.
SAYAD, João. Taxa de juros. *Folha de S.Paulo*, 24 abr. 2000.
SERRANO, Franklin. Relações de poder e a política macroeconômica americana, de Bretton Woods ao padrão dólar flexível. In: FIORI, José Luís (Org.). *O poder americano*. Petrópolis, Vozes, 2004. (Coleção Zero à Esquerda.)
SINGER, Paul. De dependência em dependência: consentida, tolerada e desejada. *Estudos Avançados*, São Paulo, v. 12, n. 33, maio/ago. 1998. p. 119-30.
SWEEZY, Paul. Uma crítica. In: SWEEZY, Paul et al. *Do feudalismo ao capitalismo*. Lisboa, Dom Quixote, 1971. (Ed. orig., 1954.)
UNCTAD. *World Investment Report*. Genebra, United Nations Publication. (Relatórios de 1991 a 2005.)
VERNON, Raymond. *Soberania ameaçada*: a expansão multinacional das empresas americanas. São Paulo, Pioneira, 1978. p. 1. (Ed. orig., 1971.)

COLEÇÃO
ESTADO de SÍTIO

coordenação Paulo Arantes

OUTROS TÍTULOS DA COLEÇÃO

Até o último homem
Felipe Brito e Pedro Rocha de Oliveira (orgs.)

Bem-vindo ao deserto do Real!
Slavoj Žižek

Brasil delivery
Leda Paulani

Cidades sitiadas
Stephen Graham

Cinismo e falência da crítica
Vladimir Safatle

Comum
Pierre Dardot e Christian Laval

As contradições do lulismo
André Singer e Isabel Loureiro (orgs.)

Ditadura: o que resta da transição
Milton Pinheiro (org.)

A era da indeterminação
Francisco de Oliveira e Cibele Rizek (orgs.)

Estado de exceção
Giorgio Agamben

Evidências do real
Susan Willis

Extinção
Paulo Arantes

Fluxos em cadeia
Rafael Godoi

Guerra e cinema
Paul Virilio

Hegemonia às avessas
Chico de Oliveira, Ruy Braga e Cibele Rizek (orgs.)

A hipótese comunista
Alain Badiou

Mal-estar, sofrimento e sintoma
Christian Ingo Lenz Dunker

A nova razão do mundo
Pierre Dardot e Christian Laval

O novo tempo do mundo
Paulo Arantes

Opus Dei
Giorgio Agamben

Poder e desaparecimento
Pilar Calveiro

O poder global
José Luís Fiori

O que resta da ditadura
Edson Teles e Vladimir Safatle (orgs.)

O que resta de Auschwitz
Giorgio Agamben

O reino e a glória
Giorgio Agamben

Rituais de sofrimento
Silvia Viana

Saídas de emergência
Robert Cabanes, Isabel Georges, Cibele Rizek e Vera S. Telles (orgs.)

São Paulo
Alain Badiou

Tecnopolíticas da vigilância
Fernando Bruno, Bruno Cardoso, Marta Kanashiro, Luciana Guilhon e Lucas Melgaço (orgs.)

O uso dos corpos
Giorgio Agamben

Videologias
Maria Rita Kehl e Eugênio Bucci

Esta obra foi composta em Adobe Garamond, corpo
11/13,2, e reimpressa em papel Chambril Avena 80 g/m²
pela gráfica Forma Certa, para a Boitempo, em outubro
de 2024, com tiragem de 100 exemplares.